不要隨便說隨便，隨便一點也不方便！
吃什麼？隨便。去哪裡？隨便。隨便戀愛、隨便……

試著戒掉「隨便」妳該有點主見

懂得取捨×保有自我×從容大方，
別怕受傷害，妳是自己人生的摯愛！

蔣甘樺，杳杳 編著

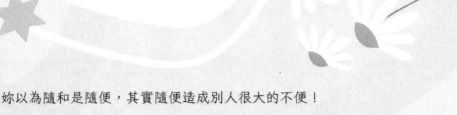

妳以為隨和是隨便，其實隨便造成別人很大的不便！
學會取捨、堅持自我，同時展現出屬於自己的優雅格調，
掌握妳自己的人生步調，把「態度」當作一種日常必備！

崧燁文化

目 錄

目錄 ——————————————

第五章 自愛的內核是氣質

第六章 有一種自愛叫拒絕

目錄

目錄

第十一章 自愛的女人最從容

前言

　　謝謝妳打開這本書，因為妳可能相信這樣的觀點：最令人心生欣喜、欲罷不能的，正是自愛的女人。

　　自愛的女人，猶如一朵清香怡人的百合，舉手投足中都透著婉約與高雅，低吟淺笑間總能溢蕩出賞心悅目的溫和。自愛的女人內斂而深邃，細膩而含蓄，她外表端莊，或許欠缺一份浪漫，然而卻能在她目光流轉的神態裡，穿越浪漫的骨髓。這樣的女人渾身散發著讓人難以抗拒的非常女人味。

　　自愛首先源於深深的自信，其次表現在對一切事物的珍惜態度上，最後昇華於淡泊的一顆感恩心。這期間，女人要經歷成長、戀愛、工作、成家、交友、社交等等的磨練。在這樣的磨練中一點一滴獲得自信，學會珍惜，昇華內心。而自始至終，只有自愛才能使得這個過程變得更加美好。女人將因此而變得好命。

　　自愛兩字包含了太多關於幸福的訊息和暗號 —— 自愛意味著自重，是無形的自我保護。這個世界，因為有了女人才充滿生機、充滿絢麗。有位作家說過：「這世界如果少了女性，便會失去十分之五的真，十分之六的善，十分之七的美。」女人帶給這個世界很多的真善美，卻不可避免地經歷許多坎坷和磨難，還要經歷命運的重重波折和幸福的次次考

前言

驗。因為自愛，女人就避免了許多不必要的傷害，少走了一些不該走的彎路。

從現在開始，請妳慢慢品味本書中的內容，妳不一定能完全接受它，但它至少是以過來人的身分給出的忠告。看完本書，妳應該明白自己怎樣做，才能高貴、優雅、自愛地擁抱幸福。

編者

第一章　自愛的本意是珍惜

　　女人如花般嬌嫩，又似玉般透著幾分脆弱。在紛繁世界中，為了避免被損害與玷汙，聰明的女子用自愛作為與外界的緩衝帶，來保護自己。

　　自愛的女子，絕不會被幾句甜言蜜語所迷惑，更不會因為一顆鑽戒而迷失自我。自愛是小心翼翼的潔身自好，是不輕易流露的自我珍惜。

　　自愛的女人恰似水中的白蓮花，冰清玉潔，也非木訥，更不是沒有熱情，就算是外表的孤傲與清高也並非冷漠與不解風情。只不過，她們的熱情與浪漫，只為那些個能讀懂她的人而綻放。

　　因為珍惜，所以自愛。

第一章　自愛的本意是珍惜

▋要把自己當公主

　　韓國作家阿內斯・安在書中告訴我們，公主不只是出現在童話裡，也不再是女孩的專利，即便妳年華不再，青春已逝，仍舊可以一輩子當公主。

　　一個生長在孤兒院中的小男孩，常常悲觀地問院長：「像我這樣的沒人要的孩子，活著究竟有什麼意義？」院長總是笑而不答。有一天，院長交給孩子一塊石頭，讓他拿到市場上賣，但不是「真賣」，無論別人出多少錢，絕對不能賣。第二天，孩子驚奇地發現，不少人好奇地對他的石頭感興趣，且價格越出越高。第三天，在黃金市場上，石頭的價錢高了 10 倍。最後，當石頭被拿到寶石市場上時，石頭的身價又漲了 10 倍，更由於男孩怎麼都不賣，竟被傳揚為「稀世珍寶」。

　　後來，院長是這樣說的：「生命的價值就像這塊石頭一樣，在不同的環境下就會有不同的意義，一塊不起眼的石頭，由於你的珍惜而提升了它的價值，而被傳為稀世珍寶。你不就像這塊石頭一樣嗎？只要自己看重自己，自我珍惜，生命就有意義，有價值。」

　　劉若英是一個平凡而帶點淡淡憂傷女子。她說：「每個女孩都可以把自己寵得像公主一樣，只要妳願意。自己愛自己吧。我們都可以把自己當作公主，不僅是偶像派，還可以

是實力派。別人不愛，還可以自己愛。反正，我視自己為公主，我是我的驕傲，我的好我自己知道就好。」

人生是自己的，把自己當公主，別人才有把妳當公主的理由。未來不知會怎樣，人生還會遇到很多失意，但告訴自己永遠都是「Princess」。

成為自己的公主，是保持我們內心的高貴，並高貴地活在當今這個紛繁複雜的世界裡；成為自己的公主，也是修練我們自身的魅力，桀驁地活在這個紙醉金迷的世界裡；成為自己的公主，更是善待我們靈魂的聖潔，清白地活在這個多誘惑的世界裡。

即使沒有漂亮的鞋子，即使沒有飄逸的長髮，即使沒有深愛著自己的王子，對於真正珍惜自己的女人來說，這沒有什麼了不起的，沒有來不及的事情，也沒有做不到的事情。

要努力像個公主一樣，挺起腰桿，自己對自己說：「我當然可以！」，當「美好」再次經過，不要再徬徨與猶豫，要牢牢抓住它，抓住「遺失的美好」。

前美國第一夫人艾蓮娜‧羅斯福（Anna Eleanor Roosevelt）曾說過：「除非妳默許，否則沒有人能將妳當作是下等人。」想想看，父母生下來的為什麼不是別人，而會是我們呢？

在出生之前，我們實際上已經打過一場大仗！所以不論自己是美或是醜、是聰明或是駑鈍，哪怕是天生有缺陷，都

第一章　自愛的本意是珍惜

值得慶幸：因為我們是獨一無二的，這世上再沒有任何人會跟我們一模一樣！也許我們並不是最優秀的，但的確是獨一無二的。在浩瀚的歷史長河中，因為許多的偶然機遇才造就了我們，我們本身就是生命的奇蹟，難道我們無法因此而珍惜自己嗎？

▋愛情的美酒不容揮霍

這樣的感情在現代生活中已經屢見不鮮了 —— 妳千辛萬苦費盡周折，只不過想換回某人的舒心微笑，可是偏偏天命有歸 —— 對方並不領情。於是乎，妳的感情就這樣被人揮霍，直至損耗殆盡。就像有人說：「我的感情像一杯酒。第一個人碰灑了，還剩一半。我把杯子扶起來，兌滿，留給第二個人。他又碰灑了。我還是扶起，兌滿，留給第三個人。」結果，本來如美酒般醇厚甘冽的愛情，變成了一杯沒有味道的白開水。

其實，妳有沒有意識到，這是在透支自己的感情？等到透支到一定的程度，妳才後知後覺發現自己已經加入了「愛無能」患者的龐大軍隊。

每個人的心靈裡都有個情感銀行，威拉德·哈雷（Willard Harler）稱它為愛情銀行；羅斯·坎培爾（Ross Campbell）稱它為情感倉庫；史蒂芬·柯維（Stephen Covey）稱它為情感銀

行的戶頭。信用卡透支了，我們可以再用薪水或存款還上，接著再繼續使用。而感情，它可以透支嗎？

人們為什麼相愛又為什麼分開？到底誰受了傷害？這些問題從來不會有明確的答案，因為「愛」的本身就是廣義的詞，因此也不可能有正確答案。有人說愛情是人間最甜蜜的事業，而另有一些人則千方百計讓世人相信愛是莫大的痛苦；有的人說這是高尚而莊嚴的事情，有的人卻視它為奴才和主子之間卑鄙的勾當。

我們姑且把愛的定義放在一邊，單獨來看看「女性」在其中的角色。

女性容易產生愧疚感，也許她要求別人做了一件幫自己得利的事，事後卻後悔不已，認為自己不該那樣要求別人，即使別人把自己的事情搞砸，她也會輕易原諒他們，還覺得自己也應該承擔部分的責任，應該替別人收拾這爛攤子。

女性在被指責時也很容易讓步，認為自己的確犯了很大的錯誤，並因此而產生愧疚感。實際上，她們可能並沒有犯錯。自我良心的譴責比外界的攻擊更具有威力，女性會因此受到自我懷疑的折磨，無法自信地做原本應該做的事情。儘管有時候她也會堅持自己的權利，但事後卻後悔不已，覺得自己不應該不體諒別人的困難，總覺得似乎欠了別人什麼。

這到底是「女性」的優點還是缺點？

第一章　自愛的本意是珍惜

當女人遇到她心愛的男人，常常會傾盡自己照顧、愛護這個男人；她會把所有的心思用在這個男人身上；他只要一則訊息，一通電話，女人會放下所有工作先幫他；甚至自己省吃儉用，要將好的都給他 —— 這一切因為她愛他，勝過自己。

面對他的不滿情緒，面對他挑剔的眼光，還有他不成理由的出軌 —— 女人在做的是首先反省自己，是忍耐 —— 這一切因為她愛他，愛得失去自我。

不用一一舉例身邊早已司空見慣的故事，這就是女人們的辛酸史，也是我們自己對自己的懲罰。

我們透支的情感能拿什麼來填補？無論是男人、女人，不要無度地透支自己的情感，學會保留，才能多點珍惜，我們多彩的生活裡畢竟不是只有愛情。

人生錯綜複雜，我們都有可能偶爾失控，傷害了情人或配偶。所以，避免情感銀行戶頭被透支的最有效辦法就是：平常多多「存款」，多說感激欣賞的話，多做體貼關懷的行動。

從現在起，我們就應該持有一顆感恩的心，首先從感謝生養我們的父母開始。感恩之外，不要忘記抓住探索的無限可能；生活中要有哲學，但不一定要和哲學家為伍；偶爾閱讀文學作品，但不一定要和作家交朋友；理解生活，讓我們

學會思考並懂得體驗。因為在今天這樣的社會，這樣的時代，這樣的生活，格外需要帶著理智向前的人們。

　　若有幸遇上彼此心儀的人，那就更應該好好把握與珍惜，不要被外在的干擾所影響，應該好好面對自己的心，堅持做自己認真的選擇，不要輕易放棄。

▌讓身體只屬於愛妳的男人

　　如果愛上了一個男人，不妨明確地告訴他，得到他的一個明確態度，不要用含糊不清的方式來界定你們的關係，更不要想用犧牲自己的身體來喚起這個男人對自己的愛情。這種招數，對男人而言是求之不得；對女人而言，卻是徒勞無益，自尋煩惱。如果已經失去了一個男人的愛，千萬不要卑微地用身體迎合和喚回他的愛，就算你們依然保持著原來的關係，你們的愛情也永遠回不到以前的地步，最終受到更多傷害的永遠是女人。

　　女人呀！妳想過沒有，有些男人只是愛慕妳年輕時的容貌，有誰真正在乎妳風華已退時的模樣？當皺紋悄悄地爬上妳的眼角的時候，當妳的體態日漸臃腫，行動變得遲緩的時候，誰還會欣喜若狂地牽著妳枯槁的手，興奮不已地對妳說他愛妳？風燭殘年中，是誰在晨曦與黑暗裡攙扶妳佝僂的身軀？夕陽晚照之下的不棄不離，病榻不起的床前相守，無微

17

第一章 自愛的本意是珍惜

不至地關心與呵護，那才是人生真正的伴侶。誰能對妳那樣呢？只有妳當時的老公，他才是妳一生值得妳託付終身的人。他才是會容納妳一切的缺點和錯誤的人，同時也是在平平淡淡中與妳共度一生的好男人。當歲月的長河慢慢流盡，妳才會明白妳應該珍惜年輕時的一點一滴，明白妳更應該好好把握現在的每一寸光陰，珍惜自己，關愛孩子，珍惜自己的老公，盡力維護好一個完整而溫馨的家。古人為什麼說「五十知天命」，因為人們不活到五十歲就理解不了這其中的祕密。

作為女人，付出愛和身體的同時，更應該愛惜自己。自愛的女性，懂得珍惜也更會把握現在的美好。自愛，讓女人學會珍惜自己的身體，珍惜自己的生命，懂得在沉重與輕盈之間熱愛生活。擁有一顆溫柔平和而善良的心、用自己的樂觀笑對人生，正是女人的魅力所在。

▌珍惜身邊的男子等於珍惜自己

當一個物體的運行速度等於 7.84 公里／秒時，它會圍繞地球不停地旋轉，既不會飛離，也不會墜落。

當一個物體的運行速度大於 11.2 公里／秒時，它將擺脫地球的束縛飛離地球。

當一個物體的運行速度大於 16.7 公里／秒時，它將擺脫

太陽系的束縛飛離太陽系。

所以，連地球和太陽都無法做到永遠擁有一件東西，更何況妳我呢？

珍惜現在所擁有的，不要到失去時才試圖用眼淚挽回。所以，我們一定要學會珍惜身邊的人，如果他成為妳的所愛，就大膽地呵護這天賜的情誼，因為這樣就等於珍惜我們自己。

以下幾點經驗值得妳借鑑：

✧ 不要經常試探男人，更不要動不動就以分手作為威脅，當妳常給他這種心理暗示時，他的潛意識可能早就做好了分手的打算。

✧ 不要因為有男人愛妳，妳就無限制地擴張自己的權利，不要干涉他的理想、信仰和追求，不要自以為妳比男人看得更遠，他一定有些特質是妳所不了解的。

✧ 不要經常遲到，不要以為有男人愛妳，他就應該有無限的耐心。一個人的耐心是有限度的，耐心消磨完了，就會消磨愛。

✧ 不要相信「你愛我，你就應該知道我想要什麼」這句鬼話，沒有人會完全知道對方想什麼，如果因為男人沒有及時了解妳的想法，而妳就得出男人不愛妳的結論，那真是非常愚蠢的想法。

第一章　自愛的本意是珍惜

✧ 不要常叫男人陪妳逛街，沒有幾個男人真的喜歡逛街，
　強迫的最終結局就是反抗。

✧ 男人在熱戀時為女孩子做的事情，不要指望他在婚後的
　生活中一直會持續下去，聰明的女孩子對此都會打五
　折。

✧ 不要因為他是妳最親近的人，就可以向他傾訴一切，不負
　責任地將妳的不幸、痛苦、委屈和牢騷都推給他，將他當
　成出氣筒。妳必須知道，男人不是資源回收場，當他確認
　他無法改變妳的時候，他就只有逃離。

✧ 不要試圖改變男人，不要想著他會在妳的調教下，成為
　理想中的優秀男人，適應他比要改變他來得明智。

✧ 不要抓住男人的一次錯誤不放，並在每次爭吵時喋喋不
　休地引用。沒有任何一個男人喜歡這樣的女人，他們會
　在表面認錯，內心裡卻可能在拿妳和別的女人做比較。

✧ 不要用這樣的想法來指導妳們的愛情 —— 在男人的言
　行中尋找他不愛妳的證據。男人無法每時每刻都將精力
　放在女人身上，他更不可能注意到女人的每次暗示和不
　快，當妳用放大鏡來尋找灰塵的時候，總會找得到，這
　樣做，只是在指導男人，告訴他如何不愛妳。

✧ 男人在思考或是做著他喜歡的事的時候，盡量不要打擾
　他，他有時也需要男人的快樂，比如看體育比賽，那並

不能代表他不愛妳，也不能因此得出結論，他愛足球勝過妳。

✧ 男人和妳再親密，也不要隨便傷害他的自尊，不論是在別人面前還是獨處。傷害他其實是在傷害妳自己，不論他是否愛妳。這個祕密問一問結過婚的人，差不多都有領教。

✧ 不要為男人過去的感情吃醋，也不要強迫男人告訴妳，妳比他以前任何一個女友都好。事實就是事實，如果他違心地說妳好，他反而會記住另一個事實。

✧ 不要把自己的男人和別的男人比較，不要說他不如別人浪漫、不如別人體貼。每一個人都是特別的，愛的方式也不同，經常這樣說會使愛成為一種心理負擔。

✧ 永遠在男人面前保持神祕感，不要將自己的一切百分之百地袒露給男人，一個人吃得太飽是會厭惡食物的，而不會感激。

✧ 愛情是磁場，而不是一根繩子，捆著他，不如吸引他。一根繩子會讓男人有掙脫的欲望，而一個磁場卻能給男人以自由的假象和一個永恆的誘惑。

✧ 不要指望一個男人無條件、像個奴才一樣的愛上妳（那樣的男人也根本不值得愛）。如果妳想在愛情中充當一個至高無上的女皇，最終妳會發現，妳將跌得比奴才還慘。

第一章　自愛的本意是珍惜

✧ 請衡量一下，如果你們的愛情是妳享受了更多的權利，而要對方盡更多的義務，那妳立刻就要試著改變。愛情也適合經濟學的規律，形成互贏的局面才會持久，否則，過不了多久，妳就會發現是妳把他推向別人的懷抱。

　　試想一下，妳這般對待身邊的男子，他們和妳在一起的時候，自然有如沐春風之感，自然而然也就會對妳倍加珍惜了 —— 好好愛自己愛的男子，好好善待愛自己的男子，好好珍惜相愛的男子。正是這種珍惜的態度，才能使女人的自愛氣質如花香般散開。

▌不珍惜自己就無法被珍惜

　　和「不愛自己就無法愛別人」的道理一樣，女人不珍惜自己就無法被別人珍惜。

　　一個女人，她首先是個人，其次才是個女人，然後才能成為別人的戀人、另一半或者是其他。所以首先要把自己當作獨立的個體看，如果妳在愛中卑微到忽視自己的存在時，別人便無法感知妳的存在，一個人若是失去了自己的特質便失去了所有。

　　不要覺得這場愛沒有了誰妳就會死掉，妳相信會有一個男人為了妳付出的愛自殺嗎？若沒有這樣的自信，那麼也就不要相信有一個男人有資格讓妳為他付出生命。假如說，

妳今天的受傷是因為妳沒遇到那個最適合的人，這倒情有可原。其實生命中就算沒有了愛情，天也不會塌下來，他讓妳心靈受傷，是因為他不值得妳愛，給這種男人面子，只要到讓他有尊嚴的程度即可，根本不必付出到讓他虛榮的地步。

也許妳會說，他還對妳說了那麼多深情的話，他有多愛妳。很遺憾，對於輕易就把愛說出口的男人就不要給他機會了。愛這個字不是能輕易就掛在男人的嘴上，而是責任的濃縮，是在他的肩上，在他的心上。輕易出口談愛的男人責任感通常不強，女人耳朵根子軟，所以請妳用心思考，我們已經過了做夢的年齡，何況這也不是妳的初戀，幾句情話不至於讓妳手舞足蹈，他當然要以愛的名義，但是妳不得不承認在這個世界上，有上千萬的男人解決的是婚姻問題，而不是愛情問題。

如果一個男人若只會索取，那就請妳擦亮眼睛盡快離開。你們之間其實不需要任何人必須靠別人養著生活，同樣妳也沒有養活他的義務。愛，能愛到慣著他的程度，但不要愛到使自己下賤的地步，一個要女人養的男人不應該是別人的戀人。

也許妳可能會覺得幸福是一起創造的，妳很驕傲，因為無需別人給妳幸福。但是想想妳身邊的那個人，他是否說過要給妳幸福或者一生一世一直有讓妳幸福的意思。當然，請記得把快樂和幸福分清楚，雖然它們都是愉悅的感覺，但它

第一章　自愛的本意是珍惜

們還是有區別：快樂是短暫的，幸福卻是長久的，而且長久的快樂終究不等於幸福。

　　做任何一件事，先別想到他會為妳負責。一個女人在做出任何決定之前，還是該先問問自己：我可以對自己負責嗎？如果不能就別做！有些男人到這時候都不懂負責是個什麼概念，更何況有些事情誰也負不起責。妳應該有這樣的觀念：玩不起的遊戲就別玩。若妳和他在一起的時候突然想有個孩子，也請妳們先把孩子他爸弄清楚，把孩子的未來也想清楚：妳的孩子將來是個有獨立人格的人，請妳負責得讓他（她）幸福，至少不要讓他（她）痛苦。

　　一個女人，永遠不要想著用自己的一生當賭注愛另外一個人，若真的要，那就請妳踏踏實實記住，那另一個人只能是妳自己。妳可以把感情寄託於某個人，但是現代女人應該要做到兩點：錢包揣在自己兜裡，命運握在自己手裡。經濟基礎決定上層建築：沒有錢，妳保護自己都不行，又拿什麼來愛惜自己？

　　還要提醒部分女人，要記得把自己當人看，妳完全有能力讓自己過得更好，就算沒有了那種理想的愛情也一樣能過。

　　最後，當妳沉浸在熱戀的幸福中時，把妳熱戀的幸福感適當縮小一點，不要像電影演得那樣，向全世界宣布妳正在

幸福著，一般來說，一個口口聲聲說自己幸福的人往往是在自欺欺人，當妳自己越爬越高，梯子被抽掉之後，一旦摔下來會很痛。無論什麼時候，不論說話還是做事，先看看自己的腳是不是還踏在地上。愛與不愛，都還要找得到方向才好。

▋珍惜世間美好的一切

自愛的女人大多數對這個世界充滿了憐憫和珍惜的情懷，從她們的一顰一笑的眼眸流轉中，流露出無限的美好情感，優雅的氣質便是這麼慢慢散發出來的。

有這樣一個場景：一個小孩對著一座空曠的山谷大喊：「蠢材」，那山谷也毫不客氣地回敬他一句「蠢材」；而當他對小山柔聲細雨地呼喚著：「我愛妳」，那小山則同樣回敬他「我愛妳」。

美國導演李察·寇蒂斯（Richard Whalley Anthony Curtis）一次在接受採訪時說：「很多人認為我們是生活在一個充滿欲望和仇恨的世界，我不這樣想，我覺得世界是充滿愛的。你知道嗎？當我看到那兩架飛機撞到世貿雙塔時，我們後來得知，那些在飛機和大樓裡迎接死亡的人們留給這個世界最後的隻言片語，不是憎恨，不是復仇，而是愛。他們告訴自己摯愛的親友們，他們是多麼愛這個世界。這些都是愛的訊

第一章　自愛的本意是珍惜

息，他們打動了我，就像〈Love Is All Around〉那首歌裡說的，愛無處不在。」

有位母親帶著兩個女兒到花園裡玩，看見許多玫瑰。一個女孩沮喪地說：「真討厭，每朵花下面都有刺！」而另一個女孩卻驚喜地叫道：「媽媽快看！這裡每根刺上都有一朵花！」

愛世界，世界便會回報愛；愛別人，才能更愛自己。這才是自愛的女人應有的風采，這才是懂得珍惜愛的女人應有的心態。

- ✧ **遇到妳真正愛的人時**：要努力付出妳的愛，因為當他離去時，一切都來不及了。
- ✧ **遇到能相信的朋友時**：要好好和他相處下去。因為在人的一生中，能遇到一位知己真的不易。
- ✧ **遇到人生中的貴人時**：要記得好好感激，因為是他為妳的人生提供了轉折點。
- ✧ **遇到曾經愛過的人時**：記得微笑著向他表示感謝，因為是他讓妳更懂得真愛來之不易。
- ✧ **遇到曾經恨過的人時**：也要微笑著向他打招呼，因為是他的恨讓妳更加堅強。
- ✧ **遇到曾經背叛過妳的人時**：可以跟他好好聊一聊，因為若不是他的背叛，今天的妳可能不會懂得這個世界並非鮮花一片。

✧ **遇到自己曾經偷偷喜歡過的人時**：要祝他幸福！因為妳過去喜歡他時不是曾經希望他幸福快樂嗎？

✧ **遇到曾經和妳在一起後又離妳而去的人時**：要謝謝他走過妳的人生，因為他是妳精彩回憶的一部分。

✧ **遇到曾經和妳有誤會的人時**：要趁現在就解釋清誤會，因為妳可能只有這一次機會解釋清楚。

✧ **遇到現在和妳相伴一生的人**：要百分百感謝他愛妳，因為妳們現在每天都得到幸福和真愛。

最後，用一個別人的故事結束我們讀完的這一章：

一天中午，讀一年級的女兒芊芊放學背著書包興高采烈地回到家裡。老婆看到芊芊早上才穿的新衣服，此刻已變成一隻小花貓，氣不打一處來，手舉得高高。芊芊一看這架勢，居然沒有像往常一樣躲到我這裡來尋求庇護，而是一手叉腰，一手指著老婆，歪著腦袋，莫名其妙地說了一句經典臺詞：「世界如此美好，妳卻如此暴躁，不好，不好！」說完，還搖頭晃腦，笑瞇瞇地看著老婆。

老婆一聽這話，哭笑不得，本來高舉的手早已不自覺地放下，忍著笑，撫摸著芊芊可愛的小腦袋說：「告訴媽媽，哪裡學來的？」「報告媽媽，我是從電視上看來的。」我們不禁莞爾，深嘆現在的小朋友模仿力之強。

這原本是電視劇《武林外傳》裡的一句經典臺詞，是呂

第一章　自愛的本意是珍惜

秀才教郭芙蓉改變脾氣暴躁的一招。我們當時看了，只覺挺搞笑的。這時由芊芊的小嘴巴裡冒出來這樣一句奶聲奶氣的經典搞笑臺詞，我們倆心裡忍俊不禁，不好的心情立刻通通拋之腦後。

後來，我們一家三口還約法三章，誰要是心情不好，我們就一起深呼吸，閉目搖頭，「世界如此美好，妳卻如此暴躁，不好，不好！」說完，一起開心大笑。這個屢試不爽的方法，我講給同事們聽，他們起先哈哈大笑，之後，也若有所思。我相信，他們一定也有所得。

親愛的朋友們，妳的世界是否也因為一點雞毛蒜皮的小事而不開心，妳的天空是否也因為一些不得意而愁眉不展呢？那麼，就放下手頭的煩心事，讓我們一起深呼吸，放鬆，「世界如此美好，妳卻如此暴躁，不好，不好！」

一個女人只有在珍惜愛的同時，也能被愛所深深珍惜，這就是為什麼自愛的女人更容易獲得幸福的密碼。

第二章　請不要隨便說隨便

　　在這個生活節奏日益加快的時代，人們的態度也越來越隨便。湧現出了一批又一批以「無所謂」為人生哲學的「時代潮流」—— 無所謂啦，不就是談個戀愛嗎；無所謂啦，隨便找個工作餬口，正是因為這些態度，使很多女人離自愛越來越遠。

　　一個對生活「隨便」的女人，命運給她的也將只是一個「隨便」的人生。

第二章　請不要隨便說隨便

▎妳隨便，我崩潰

有這樣一個笑話，在網路上一度被瘋狂轉發 ——

男：今天晚上我們吃什麼？

女：隨便。

男：吃火鍋吧。

女：不行，吃火鍋會長痘痘。

男：那我們吃川菜？

女：昨天才吃川菜，今天又吃。

男：那我們去吃海鮮？

女：海鮮不好，吃了會拉肚子。

男：那妳說吃什麼？

女：隨便。

男：（沉默，心無奈地煩起來）

男：那我們現在去哪裡呢？

女：隨便。

男：看電影怎麼樣？好久沒看電影了。

女：電影有什麼好看的，浪費時間。

男：那就去打保齡球，運動一下？

女：大熱天的運什麼動啊？不累嗎？

男：那就找個咖啡店坐坐，喝杯咖啡？

女：喝咖啡會睡不著。

男：那妳說我們做什麼？

女：隨便。

男：（沉默，心無奈地累起來）

男：那我們乾脆回家好了。

女：隨便。

男：搭公車吧！我送妳。

女：公車又晃又擠，還是算了。

男：那就叫計程車。

女：這麼短的距離不划算。

男：那走路好了，散散步。

女：餓著肚子散什麼步呀？

男：那妳到底想怎樣啊？

女：隨便。

男：那就先吃飯。

女：隨便。

男：吃什麼？

女：隨便。

男：吃火鍋吧。

女：不行，不是說過吃火鍋會長痘痘嗎？你根本沒把我的話放在心裡！

男：那到底吃什麼？

第二章　請不要隨便說隨便

女：隨便。

男：（沉默，心無奈地倦起來）

男：我不適合妳，我們分手吧？

女：隨便。

男：那我們就從明天開始吧？

女：既然這樣，為什麼不今天呢？

男：同意，就今天吧。

女：既然這樣，為什麼不早點對我說呢？

男：算我錯吧。

女：能告訴我原因嗎？

男：我接受不了妳的「隨便」。

女：我可以改的，再給我一次機會，好嗎？

男：真的嗎？妳真的願意為我改嗎？改得有主張。

女：我可以對天發誓，別離開我好嗎？

男：妳太好了，我決定送妳一件禮物，妳最想要什麼？

女：隨便。

男：玫瑰花，好嗎？

女：又是玫瑰花，沒點創意 ——

男：或許妳想想，妳最希望我送妳什麼禮物好了。

女：隨便。

男：啊啊啊啊啊啊啊啊啊啊啊啊啊啊（讓我去死吧）

　　一個有趣的調查說，餐廳裡女士點得最多的菜是「隨便」。這當然僅僅是個玩笑，在與心儀的男性約會時點菜，女性的確需要學習一些技巧。

　　很多時候，因為用餐地點是男方選擇的，或者妳想表現出自己的隨和、自愛，所以，當被問及想吃什麼的時候，可能常會以「隨便」作答。其實，這在約會中是不太好的，儘管無法隨心所欲地點菜，也還是應該適當地表現一下自己的主見。

　　如果妳不熟悉菜單，可以表明自己想吃哪一種菜，這樣男士會給妳建議，即使價格超出了他的預算，他也會很有技巧地掩飾過去。

　　最後需要注意的是，點完菜後，妳沒有必要為了展現自己細心、會照顧人而為對方倒酒或拿毛巾、夾菜等，在約會階段，妳還是需要表現一點自愛。這種獻殷勤的事還是交給男人吧，而之後，至於該誰獻殷勤，那就是妳們自己商量決定了。

　　總之，不僅僅是點菜吃飯，生活中的許多細節，如果女人沒有主見，總說隨便，會很容易令人崩潰。也不僅僅是對男人，對身邊的任何一個朋友，慣用這種態度，也是很讓人受不了的。隨便是一種不負責任的態度，對別人不夠尊重的表現。一個有教養，有魅力的女人是不會總說隨便的。即使她們不太想表露自己的想法，也會選擇其他的方式來表達，而不是總用令人頭痛的「隨便」。

第二章　請不要隨便說隨便

▌不要隨便說隨便

　　當「隨便」這兩個字脫口而出時，也許女人的本意是想減少麻煩，卻發現常常是作繭自縛。

　　又比如，妳和男朋友吵架之後，很久沒有去他家了，現在他向妳認錯，妳也原諒了他。他的父母也非常開心，親自打電話來請妳吃飯，還問妳想吃什麼。如果妳想也不想地就說：「隨便！」後來，男朋友肯定會告訴妳，就因為妳的一句「隨便」，使未來的公婆緊張了半天！

　　很多時候，我們想用「隨便」來表示客氣和尊重，結果卻在無形中加重了對方的心理負擔。為了不讓聽到此話的人不斷猜測我們到底怎麼想，而我們自己則在被猜測中造成不必要的自我犧牲。倘若這種「犧牲」沒有引起對方的足夠重視，我們就會憤憤不平地委屈起來，直到關係出現問題。

　　學會不說「隨便」而說「喜歡」 —— 當對方真心誠意地想為妳付出時，那就坦率而大方地告訴對方，妳喜歡他為妳做什麼，這才是真正的尊重。而人際關係，也將在需要和被需要、肯定與被肯定中愉快地發展下去。

　　比如，部門開會正在討論重要方案，在大家紛紛表示可以通過之時，妳卻提出了相反意見，因為妳覺得這個方案有漏洞。所有的人都對妳側目，因為妳的反對會讓大家功虧一簣。僵持了一段時間後，妳最終說：「那就隨大家便吧！」

其實，在日常交流之中，難免有意見相左的時候。當我們實在勢單力薄、無法扭轉局面時，放棄並不是唯一的選擇。如果換一種方式表達，就會讓我們擁有更多主動性。

比如，可以不說「隨便」而說「保留」── 我們可以保留自己的意見，同時也給別人一個意識到問題、嘗試錯誤的機會。保留意見意味著我們對事情負責，「隨便」則有逃避承擔責任之嫌；保留意見並不意味著我們否定自己，而說「隨便」則常常會擴大負面情緒。兩相對比，還是說「保留」好一些。

又比如到了適婚年齡，母親就開始關心起妳的婚事，不斷託人介紹男朋友給妳，忙得不可開交的妳根本無心戀愛，但又害怕傷了母親的心，於是每次都說：「隨便，您安排吧！」

不忍心傷害，卻又在一次次地傷害。因為誰都看得出來，「隨便」其實是敷衍和應付的擋箭牌。長期對關愛自己的人用「隨便」的態度來對待，最後他們不心灰意冷才怪。

可以不說「隨便」而說「且慢」── 真誠地告訴對方：謝謝你為我做的一切，不過，且慢，我還沒有準備好接受你的熱心安排，你願意再給我一點時間考慮嗎？

就像妳因為被老闆批評太過自由散漫而很不開心，夥伴阿元看在眼裡，主動湊上前來跟妳搭訕，他說：「欸！開心

第二章　請不要隨便說隨便

點哦，否則我要換一個夥伴囉！」妳「啪」地把文件夾摔在工作臺上，大吼一聲：「隨你的便！」這種局面會令人尷尬萬分。

人在遭受挫折的時候，容易向親近的人轉移不滿，同時會出現言語和行為上的「退化」——變得像一個孩子似的任性刁蠻、不負責任，無論多麼牢固的人際關係，都可能會在這種「隨便」的反覆摧殘下出現問題，還是替換一下詞彙吧。

所以，不要輕易說「隨便」，可以說「難過」——告訴對方：「你這麼說我很難過，我現在更需要你來安慰我／鼓勵我／愛我／肯定我。」，當妳學會用這樣的方式來表達時妳會發現，我們想要的東西其實就在我們的嘴裡——清楚地說出來，我們的愛情、友情、親情才不會因為負面情緒的泛濫而惡化。

從今天起，減少「隨便」在生活裡出現的頻率吧。

▌隨便戀愛等於隨便受傷

有愛就有傷害，這話說得一點都沒錯，隨便戀愛的，可想而知，她受傷的機率就會大於別人，這裡我們列舉一些建議，這些建議不全是忠告，但也算是過來人的經驗，未必對妳沒用。

✧ 不要為了寂寞戀愛，時間是個魔鬼，天長日久，如果妳是個多情的人，即使不愛對方，到時候也會日久生情，到那時妳該怎麼辦？

✧ 不管自己年紀多大，不管家人或朋友怎麼催，都不要隨便對待戀愛，戀愛可不是打牌，重新洗牌要付出巨大代價。

✧ 感情的事沒有誰對誰錯，他要離開妳，又無法強求。想想過去在一起的日子，總還是有一些是美好的，當然也會有卑劣的感情騙子，他們的花言巧語完全是為了騙取對方和妳上床，但這樣的人還是少數。

✧ 和一個生活習慣有很多差異的人相愛不要緊，但是否結婚要慎重，想想妳是否可以長久忍受因彼此的不同習慣而引起的不快。

✧ 有人說戀愛要找自己喜歡的人，結婚要找喜歡自己的人，但那都是片面的感受，戀人不喜歡自己對他有什麼可戀的？自己不喜歡對方又怎麼過一輩子？

✧ 真愛一個人，就要盡量讓他開心，他開心了妳就會開心，那麼雙方就有了熱情。

✧ 不要因為自己的長相不如對方而放棄追求的打算，長相只是一時的印象，最終能否相處取決於雙方的性格，自己好看不好看是自己說了算，不要那麼沒自信。

第二章　請不要隨便說隨便

✧ 精緻女人要學會打扮自己，絕不要拿樸素來做擋箭牌，
   更不要拿家世當藉口。

✧ 戀愛的時間能長盡量長。這最少有兩點好處：一是充分
   並盡可能長地享受戀愛帶來的愉悅，要知道，婚姻和
   戀愛的感覺是很不相同的，二是兩人相處的時間越長，
   越能檢驗彼此是否真心，越能看出兩人的性格是否合得
   來。這樣，婚後的感情就會牢固得多。

✧ 平平淡淡才是真，可那應該是熱情過後的平淡，熱情平
   淡應該呈波浪形交替出現，在今天這麼開放的時代，光
   有平淡而無熱情的生活有什麼意思？只要妳真心愛他，
   到死妳也會有熱情的。

✧ 魅力是什麼？魅力不是漂亮，漂亮的女人不一定能吸
   引高雅的男人，端莊優雅的女人才是他們發自內心的喜
   歡，身為女人，不用擔心自己不夠漂亮。

✧ 初戀讓人最難忘，一輩子都覺得美好。為什麼？不是
   因為他很漂亮或很帥，也不是因為得不到的就是好的，
   而是因為人們在初涉愛河時心裡異常純真，絕無私心雜
   念，只知道傾心愛對方。而以後的愛情大都沒有這麼純
   潔無瑕了。純真，才是人世間最為可貴的東西，我們渴
   求的就是它。

✧ 初戀的人大多都不懂得愛，不珍惜愛，初戀常常難以到最

後，戀愛找個戀愛經驗的人才好，因為經歷過戀愛的人才知道什麼是愛，怎麼愛。

✧ 天長地久有沒有？當然有！為什麼大多數人不相信有，因為他們沒有找到人生旅途中最適合自己的那一個，也就是冥冥之中注定的那一個。為什麼找不到？茫茫人海，人生如露，要找到最適合自己的那一個談何容易！妳或許可以在 40 歲時才找到上天注定的那一個，可是妳能等到 40 歲嗎？在 20 多歲時找不到，卻不得不結婚；在三四十歲時找到了，卻不得不放棄。這就是人生的悲哀。

✧ 為什麼生活中很少見到傳說中那種天長地久，可歌可泣的愛情故事呢？因為這樣的感情非常珍貴，珍貴的東西是那麼容易見到的嗎？鑽石珍寶容易見到嗎？

✧ 戀愛時感性點，過日子理性點，穿衣服性感點。

✧ 從前失戀之時，我都會恨他，恨他為什麼這麼薄情寡義；聽到有關他的不好的消息，我都會竊喜。現在不了，現在即使失去他，我也會祝福他，衷心希望他能過得很好。他過得不好我會很難過。這就是過來人感受喜歡和愛的不同。

✧ 和聰明的男人戀愛會很快樂，因為他們幽默，會說話，但也時時存在著危機，因為這樣的人很容易變心，和老

實的男人戀愛會很放心，但生活卻也會非常乏味。

✧ 女人不要太好強。有的女人自尊心過強，但她們不是「女強人」，如果是別人犯錯，她態度會很強硬；若是自己的錯，她同樣態度很強硬，她總以為求別人是卑微的表現，她似乎永遠不會求男人，聰明的女人會知道什麼時候該堅強，什麼時候該示弱。

✧ 想知道一個人愛不愛妳，就看他和妳在一起有沒有活力，開不開心。有活力，能開心就是愛，沒有這些就是不愛。

✧ 如果真愛一個人，就會心甘情願為他而改變，如果一個男人在妳面前仍舊我行我素，置妳不喜歡的行為而不顧，那麼他就是不愛妳，如果妳覺得到他不夠關心妳，那麼妳就不必再愛他，而不要認為這是自己的錯，或是相信他是一個粗心的人，遇見自己真愛的人，懦夫也會變得勇敢，同理，粗心鬼也會變得細心。

✧ 有兩種女人很可愛，一種是姐姐型的，很體貼人，很會照顧人，會把男人照顧得非常周到。和這樣的女人在一起，男人會感覺到強烈的被愛。還有一種是妹妹型的，很膽小，很害羞，非常地依賴男人。男人和這樣的女人在一起，會激發保護欲，比如打個蟑螂扛個重物什麼的，會常常想到保護自己的小女人。

✧ 學會用理解的、欣賞的眼光看對方,而不是用自以為是的
　關心管對方。

✧ 持久的愛情源於彼此發自內心的真愛,建立在平等的基
　礎之上。任何只顧瘋狂愛別人而不顧自己有否被愛,或
　是只顧享受被愛而不知真心愛對方的人,都不會有好的
　結局。

▌對待工作萬萬隨便不得

　　現如今,能夠在人才濟濟的職場上謀得一職,也算是難
能可貴的能力了。但是,競爭壓力畢竟太大了,時間久了,
很多人對待工作的態度也就「隨便」了。妳是不是有時候也
會突然發現,妳所做的工作並沒有讓妳的生活品質更好一
些,反而讓自己的生活更痛苦,妳得到的物質越多,承擔的
精神壓力也越大,睡眠品質也越來越糟糕,要是我們花 20、
30、40 年勤勞地工作,我們能得到什麼回報呢?大概只有勞
苦愁煩。有人說:「大部分人在年輕的時候用健康和力量換
錢,等到年老的時候,再用錢換健康和力量。」

　　從 1975 年以來,有一個美國人在南加州大學每年調查
1,500 個人。他說多半的人以為越有錢,越幸福。他們把一切
都投資到賺錢上,不惜以家庭和健康為代價。問題是他們並
不明白,對一般人來說,錢越多佔有欲也就越大。

第二章　請不要隨便說隨便

　　布萊德・彼特說：「我知道汽車、房子、成功，這些東西對我們都很重要，但是如果真是這樣的話，為什麼人總是感到困惑、絕望和孤獨呢？我認為我們應該思考這個問題，我覺得我們都在往死路走，結果就是麻木的靈魂，萎縮的精神，我不知道答案是什麼，大家都在強調個人的成功和財富，現在我什麼都有，不過我能告訴妳，當妳得到妳所要的東西時，妳睡得沒有以前好，日子也過得不如以前快樂。」很多人都認為他說得很對。

　　著名的歌手瑪丹娜也說：「金錢、性、飲食都無法讓我們高興，它們都不持久，我們只有一個持久的東西 —— 我們的靈魂。如果妳不關心自己的靈魂，世界上所有的錢都幫不了妳。」瑪丹娜承認，她仍在尋找答案。

　　這些情況非常可惜 —— 兩個非常有名的人努力地工作，可是工作無法帶給他們任何安慰。他們所花的工夫都白費了，他們也知道，生命中有很重要的東西被錯過了。

　　聽了他們講的話，妳是不是覺得把妳的全部精力放在工作上不值得？妳發現妳所得到的成就都要歸給妳不認識的人，妳努力工作的成果最後都將被別人享用，妳是否會想，即使是勤勞的工作也無法帶來安慰，如果妳真這樣想，那妳就大錯特錯了！

　　妳可以隨意地工作，但是別指望隨便工作能讓妳高興和

滿足。如果妳想透過工作來獲得自我價值的肯定和實現，最好不要以隨便的態度工作。

有主見，才能主宰自己

　　一位朋友講過這樣的故事：我在法國讀書，有一次在超市買東西，看到媽媽推著購物車。車上坐著一個小女孩，五六歲的樣子，約莫在上幼兒園，也不太會說話，媽媽拿著一排草莓口味的水，跟女兒說：「妳喜歡這個嗎？」女兒沒有表態，只是在研究包裝的圖案。媽媽說：「這個水是小瓶的，可以每天裝在書包裡帶去學校喝，口味也很清爽，妳喜歡嗎？」女兒想了想說：「好喝嗎？」，媽媽覺得女兒有點猶豫，就又問她：「妳確定想要這種嗎？」女兒說：「好吧就這個吧。」站在一邊的我有點臉紅，因為就在一分鐘之前男朋友要我拿一瓶果汁，但是我在猶豫，因為他並沒有說是拿哪種果汁，對於我來說，哪種都還好了，我都無所謂了，最好由他幫我做個決定。

　　這就是我和西方女孩子最大的差別，在於我沒有自己做決定的習慣，這也是經常讓我男朋友驚訝的地方。他覺得我有時很奇怪，連想吃什麼都不知道，什麼都是隨便了，你看著辦吧，他常會問我：「妳到底是怎麼想的？」我就會想想說：「不知道。」他有時氣不過說：「妳都是成年人了，還

第二章　請不要隨便說隨便

要別人幫妳做決定嗎？」我也覺得他跟我交往其實很累，要克服很多文化上的差異來「照顧」我。

說到剩女的話題，很多女孩子抱怨說：「哎呀我都是媽媽爸爸管太嚴，高中不可以談戀愛，大學談戀愛怕影響成績，結果一畢業又要我相親，我到哪找一個男朋友，所以就剩了。」殊不知最重要的原因是，這些女孩跟我一樣，從小太聽話了，從最小的事情說起，家長幫我們買東西卻從不會跟我們商量：「妳覺得好不好？妳喜歡不喜歡？」他們會覺得這麼小的小孩懂什麼，於是我們長久以來根本不知道可以按照自己的心意作選擇，覺得要聽話才是懂事。其實高中大學都是少女春心萌動的年紀，要說不想戀愛，那是騙人的，那為什麼就會迴避戀愛呢，就是一味聽家長的，忘記了自己的需要。

其實我媽比起專制的家長算是民主多了，最起碼在談戀愛、學業方面的大事上都是聽我的，從高中開始，我想找誰就找誰，她也不干涉，所以我還算逃出了乖乖女剩下來的宿命。我的另外一個朋友，平心而論長相一般，但是她從小就很有主見，決定喜歡一個人，就去追求，大學時喜歡上同校學弟，因為比男方大幾歲，就有人說閒話，她也沒理會，主動追求，現在兩個人在一起很幸福，所以說幸福都要自己爭取，如果剩女們能擺脫家長的控制，先擴大自己的交際圈，

找一個心儀的人勇敢地追求才是「正道」。自己一生的幸福，自己做主，再也不要任何一個人幫自己決定了。

　　心理學家分析認為，女人往往會感情勝過理智，對待友情、事業、婚姻亦如此，這正是阻礙女人發展的致命弱點。有些女人從一開始就把自己擺到一個乞求感情、乞求幸福的位置上，男人怎樣，妳就怎樣，悲劇的根源就在這裡！妳失掉了自己，別人怎麼看重妳？

　　男人往往就是這樣：妳過於看重他，為了他犧牲自己的一切，當時的他可能會被妳感動，但是時間久了，妳沒有了主見、沒有了追求、沒有了與他共鳴的內容，這個時候妳成了依附於他的一個軀殼。這也就昭示了他可以輕而易舉地主宰妳的感情和幸福了！從在這一點上說，妳首先就輸了。

　　感情是最在乎尊重和平等的，有遠見和有胸懷的女人，男人自然會感到她的可愛，因為男人愛上一個女人的同時，並不希望在愛的約束下喪失自己的小世界，男人在乎愛情的默契、寬容和理解，這種愛無法阻止男人全身心地闖蕩人生 —— 畢竟，在男人的眼裡愛情並不能代表他人生的全部。

　　有主見的女人是可愛的人，可愛存在於她的骨子裡，可愛的女人，往往能獲得更多的愛情和幸福，男人喜歡女人的溫柔和賢惠，但更喜歡女人有主見。

　　女人有主見才能快樂起來，所以不盲目聽信別人的言

第二章　請不要隨便說隨便

論，不要被他人的言論所左右，自己的人生自己做主。凡事不隨大流，碰到挫折勇於面對，勇於逆水行舟，不要懼怕別人的嘲諷，堅持個人的主見，毅然決然地走自己路。

女人有了主見，就不會人云亦云，跟著別人一起說閒話，不說閒話，就不會無事生非，就不會跟別人一樣流露出嫉妒、譏諷、誹謗的話語。能說會道了，妳的自愛氣質自然而然就流露出來了。

女人有主見才能抓得住幸福，有主見的女人善於全面正確的認識客觀事物，透過自己的思考分析，結合自身的條件，能制定出符合實際的理想和奮鬥目標，並且不斷修正理想和目標，使自己的人生之路永遠長青。

女人有主見，絕不意味著她是孤家寡人，孤芳自賞，也不是什麼堅持錯誤，更不是不聽別人的意見，恰好相反，堅持主見就是虛心聽取接受正確的意見，有則改之，無則加勉，善於把自己的主見講給別人聽，取得別人的認同支持，幫助自己不斷昇華個人格調，使自己在各個方面不斷的完善和發展，一個快樂的女人就要有主見，走自己的路，讓人羨慕吧！穿自己的衣，讓別人看吧！

生活中，我們許多人在回應別人時，總有自己習慣性的語言，如「是的」、「知道了」、「好的」。雖然只是簡短的幾個字或一句話，但讓人覺得有很大差別。

- **總說「隨便」，戀愛失敗**：琪琪經人介紹與男孩約會，外出吃飯時，男孩問她想吃什麼，她說：「隨便。」到了飯店，點菜時男孩問她喜歡吃什麼菜，她又回答：「隨便。」幾次約會後，男孩覺得與琪琪約會太累，總猜不透她的心思，後來就不再約她了。而琪琪本意卻是想讓對方知道，她不是一個很挑剔的人。

- **「好的」讓心中充滿暖意**：小晴與老公都是醫生，因為經常值夜班，兩個人湊在一起的時間不多，有事經常傳訊息聯絡，有時小晴傳一大篇訊息給老公，老公的回答卻經常只是三個字：「知道了。」這讓她熱情驟減，之後一次，她又傳訊息給老公，這次老公的回答變成了：「好的。」雖然字更少了，但她卻彷彿看到老公在說「好的」時臉上的微笑。

生活中這樣的例子還有很多很多，簡短的幾個字可以讓人感到愉快，也可以讓人感到討厭，之所以會產生這種現象，心理學家認為重要是，所說的詞是否充滿感情色彩。

據心理學專家介紹，在生活中回應別人時常說的「隨便」、「知道了」、「不好意思」、「無所謂」等詞很缺乏個人感情和態度的表露，因此很容易讓人覺得冷淡、討厭，也就難以激發起對方的熱情。如「不好意思」，會讓人覺得道歉不夠誠懇；「隨便」，其實代表著旁觀者或不願選擇、不

第二章　請不要隨便說隨便

願參與，同時也會保有批評的權利，這會使對方感到緊張，怕做事不當受到指責，同時也會感覺妳沒熱情參與這些事；「無所謂」，只是附和，並沒有自己的觀點和態度在裡面，難讓人感覺到妳的感情；「知道了」，讓人感覺只對事不對人，缺乏與發出訊息者的情感互動。

這樣的態度往往不能達成良好的溝通效果。雖然這些詞語也表達出了個人的意思，但由於態度過於冷淡，這種冷淡會自然而然感染對方，常令對方心灰意冷或心生厭惡。要知道，態度問題是很嚴重的問題，比如，在犯錯後，一個認錯態度誠懇的人總是會更容易得到原諒。人們會說他態度之所以如此誠懇，是因為他意識到自己錯了，一旦意識到自己錯了，就有改正的機會了。

因此，生活中我們在回應別人時，應盡量多用積極的詞句，多用肯定的詞句，並在回應時盡量加上人名或暱稱，別小看一個稱呼，這會更突出讓人感覺妳在意、重視對方，如將「隨便」改為「我覺得」；將「知道了」改為「好的」、「放心吧」；將「不好意思」改為「很對不起」；將「怎麼回事」改為「我很想知道」；將「謝謝」改為「謝謝妳」等。

妳將「隨便」改為「我覺得」了，對方便知道妳是在用心地與其交流，而不是置身事外的「隨便」態度。用心往往能換心，這樣交流便成了心與心的交流，從而達到了良好的交流效果。

　　俗話說，病從口入。隨便吃，只會吃壞了妳的身體，尤其是女人，更要注意飲食。試試下面列出的保持女性激素分泌平衡的飲食方案吧，即「適合美女的飲食」：

◇ 多吃水果和蔬菜。

◇ 多吃碳水化合物。碳水化合物包括澱粉和醣，在糧食中存在最多，碳水化合物越複雜，人體從中獲得的能量所持續的時間就越長，人也就會越健康 —— 如整粒的燕麥片和黑米以及全麥麵包等。芝麻等最好研磨成碎末，否則它們可能會穿腸而過，而不被人體所吸收。

◇ 盡可能多購買食用綠色食品。

◇ 多食含有植物雌激素的食品 —— 包括扁豆、赤豆、黃豆等豆類食物。此外，大蒜、芹菜、芝麻、葵花籽、稻米、燕麥片、綠豆芽、茴香等也是很好的選擇。

◇ 適當食用油脂類食物，包括魚油、堅果、種子和油類。

◇ 減少從乳製品等食物中攝入的飽和脂肪的數量，尤其是人造奶油。

◇ 要飲用足夠的水，但飲料代表不了水。

◇ 要增加膳食纖維的攝取量，這是為了防止發胖。

◇ 盡量避免食用添加劑、防腐劑以及含有其他化學物質的食物，避免食用含有人工甜味劑的食品和飲料，對保持健康的體態同樣是非常重要的。

第二章　請不要隨便說隨便

✧ 減少咖啡因的攝取量，攝取過量的咖啡因可能導致心悸或影響睡眠品質。

✧ 減少飲酒量。不要為了應酬強行喝酒，那可是傷了肝的事，不值得。

✧ 少吃糖。不僅是糖本身，還包括食物中所含有的糖分。

✧ 多食含維生素的食品。維生素 A —— 橙子等黃色水果；紅蘿蔔、南瓜等蔬菜以及魚等食品中含量較高。維生素 C —— 水果（尤其是柑橘類水果）、綠葉蔬菜如花椰菜；莓果類如草莓、藍莓、覆盆子等；以及馬鈴薯和地瓜中含量較高。維生素 E —— 堅果、種子、酪梨、蔬菜油、魚油等食品中含量較高。以及微量元素硒 —— 富硒米、鮪魚、高麗菜等食物中含量較高。鋅大多存在於南瓜、葵花籽、魚、杏仁等食物中，這些維生素和微量元素都屬於抗氧化劑。

✧ 適當攝入不飽和脂肪。油性魚包括鯖魚、鮪魚、沙丁魚、青魚、鮭魚等。

在日常生活中，我們往往飢餓難耐的時候，抓起什麼想吃的就狼吞虎嚥，但要注意有 4 種食物在飢餓狀態時最好不要空腹食用。

✧ **柿子、番茄**：含有較多的果膠、單寧酸，上述物質與胃酸發生化學反應生成難以溶解的凝膠塊，易形成胃結石。

◇ **冷飲**：空腹狀態下暴飲各種冷凍食品，會刺激胃腸發生攣縮，久之將導致各種酶促化學反應失調，誘發腸胃疾病。在女性月經期間還會使月經發生紊亂。

◇ **山楂、橘子**：含有大量的有機果酸等，空腹食用，會使胃酸猛增，對胃黏膜造成不良刺激，使胃脹滿、噯氣、吐酸水。

◇ **糖**：糖是極易消化吸收的食品，空腹大量吃糖，人體短時間內無法分泌足夠的胰島素來維持血糖的正常值，使血液中的血糖驟然升高，容易導致糖尿病。而且糖屬酸性食品，空腹吃糖還會破壞機體內的酸鹼平衡和各種微生物的平衡，對健康不利。

第二章　請不要隨便說隨便

第三章　自愛的女人有原則

　　做人要有原則，也就是說要有底線，女人最容易失去原則，除了天性中的軟弱之外，女人喪失原則大多源於輕信，被愛情所迷惑，被友情所欺騙，最終一失足成千古恨！

　　而自愛兩字，本身就帶有原則性 —— 因為自我珍惜而拒絕損害自我的事情；因為懂得進退而穩穩地執掌著人生之舵，自愛的女人，是最有底線的女人。

第三章　自愛的女人有原則

▌有些事情是不能妥協的

　　一個懂得自愛的女人，得有堅強的性格和很強的自尊。她不順從，因為她知道，過分的順從會培養出暴君；她忠誠，但是也要求對方忠誠；她喜歡學習和接受新鮮事物；她覺得自己有道理時，就會堅持己見，不會「照顧男人的面子」，因為女人的自尊也同樣需要照顧；她覺得自己錯了的時候，她就會坦誠地認錯；她不會為家庭做出不必要的犧牲，因為她看到，付出這種犧牲的女人，不會變成烈士，只會變成怨婦。

　　電影《永不妥協》（Erin Brockovich）所描述的故事：一名曾兩次離婚的單身母親，帶著三個年幼的孩子，沒有受過高等教育，社會地位低下，數度求職而被拒，銀行帳戶上只有美金 14 元，車停在路邊被開罰單，還被其他的車撞。

　　艾琳・布羅克維奇（茱莉亞・羅勃茲飾演）就是這樣一個倒楣透頂的人，為了生活，她不得不厚著臉皮求她的律師讓她在他的律師事務所工作，她什麼也不懂，卻誤打誤撞找到了一家大公司汙染水源的證據，於是開始了漫長的索賠工作，在這幾年中，艾琳一身是膽，居然拳打腳踢開創了一番事業，不僅有了錢，而且過上了有尊嚴的生活。這雖然是一部輕喜劇，題材還有些嚴肅，而且這種與強大勢力抗爭的社會問題題材有很多，太容易就拍得沉悶，但換了茱莉亞

來演，當然風格也隨之改變，變得輕鬆、平凡，甚至有些兒戲。

取得律師資格是相當艱難的事，艾琳本來就早婚早育，與兩個丈夫離了婚，帶三個八歲以下的小孩，哪裡會有時間接受教育，不過也許是教育制度的缺陷，當律師除了有很好的法律知識還不夠，還需要艾琳這種堅忍頑強、永不妥協的精神才行，因為是集體訴訟，需要六百多位當事人 90% 以上的同意，完成這項工作的難度超乎想像，電影中那位討厭的對手就懷著對艾琳的輕蔑，想讓她知難而退，但她終究還是完成了，在一家大型法律機構的幫助下，創造了美國歷史上同類民事案件的賠償之最。

艾琳‧布羅克維奇的經歷讓我們明白一個真理：只要妳努力，平凡人也可以完成專業性高的工作，這並沒有否定教育，否定的只是那種教條式的、與社會脫節的教育，艾琳能取得這些成就，離不開專業律師的幫助，她只不過做了她能做得好的事，只是流水線上的一顆螺絲，真正要加工成成品的，還是那些專業人士，但這樣已經足夠令我們揚眉吐氣的了，每一個年輕人都是最不能被忽視的類別，因為他們現下雖然沒錢沒勢，但誰也無法預知將來他會不會出人頭地。同樣，貧窮也不能被蔑視，誰敢斷定風雨之後不會出現彩虹。

第三章　自愛的女人有原則

▌交往中要遵循的原則

　　交際中，當然要遵循一定的原則，否則很可能會因為無原則而讓自己處於十分被動的劣勢地位。如果將常見的交往原則簡單概括一下，重點如下：

✧ **平等的原則**：與人交往，首先要堅持平等的原則，無論是公務還是私交，都沒有高低貴賤之分。要以朋友的身分進行交往，才能深交。切忌因工作時間短，經驗不足，經濟條件差而自卑，也不要因為自己是大學剛畢業、年輕、美貌而趾高氣揚。這些心態都影響人際關係的順利發展。

✧ **相容的原則**：主要是從心理上相容，即人與人之間應建立融洽關係，與人相處時的包容以及寬容、忍讓。主動與人交往，廣交朋友，交好朋友，不但要結交與自己脾氣相投的人、還要交與自己脾氣性格相反的人，求同存異、互學互補、處理好競爭與相容的關係，更好地完善自己。

✧ **互利的原則**：指交往雙方的互惠互利。人際交往是雙向行為，故有「來而不往非禮也」之說，只有單方獲得好處的人際交往是無法長久的，所以要雙方都受益，不僅是物質的，還有精神的，交往雙方都要付出和奉獻。

✧ **信用的原則**：交往離不開信用。信用指一個人誠實、不欺、信守諾言，古人云「一言既出、駟馬難追」，現在

則有以誠實為本的原則，不要輕易許諾，一旦許諾要設法實現，以免失信於人，朋友之間，言必信、行必果，不卑不亢，端莊而不過於自愛，謙虛而不矯飾詐偽，不俯仰討好位尊者，不藐視位卑者以顯示自己的自信心，取得別人的信賴。

✧ **寬容的原則**：表現在對非原則性問題上不斤斤計較，能夠以德報怨，寬容大度，人際交往中難免會產生誤解和矛盾，個性較強，接觸又密切，不可避免產生矛盾，這就要求人們在交往中不要斤斤計較枝微末節，而要學會謙讓大度、克制忍讓；不計較對方的態度、不計較對方的言辭，並勇於承擔自己的行為責任，做到「宰相肚裡能撐船」。他吵，妳不吵；他兇，妳不兇；他罵，妳不罵，只要我們胸懷寬廣，容納他人，發火的一方也會自覺無趣，寬容克制並不是軟弱、怯懦的表現，相反，它是有肚量的表現，是建立良好人際關係的潤滑劑，能交到更多的朋友。

除了遵循這些原則外，最好再掌握一些人際交往技巧：

✧ 記住別人的姓名，主動與人打招呼，稱呼要得當，讓別人覺得禮貌相待、備受重視，給人平易近人的印象。

✧ 舉止大方、泰然自若，使別人感到輕鬆、自在，想要繼續相處。

第三章　自愛的女人有原則

✧ 培養自己開朗、活潑的個性，讓對方覺得和妳在一起是愉快的。

✧ 培養幽默風趣的言行，且幽默而不失分寸，風趣而不顯輕浮，給人愉悅的享受，與人交往要謙虛，待人要和氣，尊重他人，否則會事與願違。

✧ 做到心平氣和、不亂發牢騷，這樣不僅使自己快樂、涵養性高，別人也會心情愉悅。

✧ 要注意語言的魅力，要學會安慰受創傷的人，鼓勵失敗的人。讚美那些真正取得成就的人，誠心實意幫助那些有困難的人。

✧ 處事果斷、富有主見、精神飽滿、充滿自信的人容易激發別人的交往動機，博得別人的信任，產生使人樂意交往的魅力，努力使自己成為這樣的人。

以下 20 句忠告會讓妳的人際關係更上一層樓：

✧ 長相不令人討厭，如果長得不好，就讓自己有才氣；如果才氣也沒有，那就總是微笑。

✧ 氣質是關鍵。如果時尚學不好，寧願純樸。

✧ 與人握手時，可多握一下，真誠是寶。

✧ 不必什麼話都用「我」做主語。

✧ 除非萬不得已，不要向朋友借錢。

✧ 不要強迫客人看妳的家庭相簿。

✧ 與人共乘時，請搶先坐在司機旁並準備付車費。

✧ 在背後說別人好話，別擔心這好話傳不到當事人的耳朵裡。

✧ 有人在妳面前說某人壞話時，妳只微笑，千萬不可隨聲附和。

✧ 自己開車時，不要特地停下來和騎自行車的同事打招呼，人家會認為妳在炫耀。

✧ 說話的時候記得常用「我們」開頭。

✧ 不要把過去的事全讓人知道。

✧ 尊重不喜歡妳的人。

✧ 對事不對人；或對事無情、對人要有情；或做人第一、做事其次。

✧ 為每一位上臺唱歌的人鼓掌。

✧ 學會聆聽，展現對人的尊重。

✧ 不要把別人的幫助視為理所當然，要學會感恩。

✧ 語多必失，人多的場合少說話。

✧ 把未出口的「不」改成：「這需要時間」、「我盡力」、「我不確定」、「當我確定後，會打電話知會你」。

✧ 不要期望所有人都喜歡妳，那是不可能的，讓大多數人喜歡就是成功的表現。當然，自己要喜歡自己。

第三章 自愛的女人有原則

▌愛得有原則才會愛得幸福

總有女人認為「愛他就要為他付出一切」，而現實中呢；女人無條件無原則地付出會成為男人的負擔，甚至是麻煩。其實，愛也是要有原則的，講原則的愛才會更幸福。

不要在甜言蜜語面前失去原則

女孩 A，把愛情看得至高無上，認為只要有愛，就能擁有世界，於是不顧道德、輿論，愛上了一位不該愛的已婚男人，他比她大十五歲，她從來都沒有期望和要求他能給予什麼，認為只要兩個人相愛就行了，現實的婚姻當然比不上浪漫的愛情，在聖誕夜，她提前買好了禮物，希望能和他一起度過，但他回家了，因為他怕晚回家不好交代，因為家裡有妻子和孩子。

挑男友和買衣服是事不同而理相通，在妳買衣服的時候，會睜大眼睛，貨比三家，不會因為店員讚美妳穿上這件衣服效果有多麼好，就隨便打開錢包，挑衣服尚且如此，何況是選終身的愛人。怎麼能小事清楚，大事反而糊塗了呢？

不要以為愛就是無盡的退讓

美貌女孩 B，在澳洲讀書的時候認識了一個男孩。兩人開始了戀愛，他很愛她，對她呵護有加；她卻總是任性胡

為、亂發脾氣，對他的疼愛漫不經心，總覺得他應該如此。終於，在戀愛一年半以後，男友在回國前正式向她提出了分手，女孩當場愣住。男孩說：「我對我們的感情徹底死心了，妳根本就不愛我。」直到這個時候，她才一個人默默想了一個星期，發現自己其實是那麼喜歡他。女孩哭著告訴他：「我知道錯了，我沒想到我的報怨和任性傷害了你的自尊。」女孩要求關係繼續下去，她打了無數次的電話，而他依然沒有回頭。

都是網路社會了，愛情的變化速度已縮短到秒，能死心塌地愛妳，實屬不易，還要撒潑打滾，顯然對自己、對別人都沒有正確的認知。

我們永遠也別想找到最好的麥穗

36 歲的職業女性 C，其上司是一個 28 歲的年輕人。兩人都有一次婚姻的經歷，他們是在工作中建立感情的，可以說感情沒有什麼經濟因素參雜，可是，在確立關係 4 個月後，C 的心裡漸漸有擔憂：他比我年輕，我們能走到結婚嗎？

他有一個同性好朋友，在愛情上總是舉棋不定或者說總是尋花問柳，就是不想建立家庭穩定下來。C 擔心她的男友和他在一起也會像他那樣。畢竟兩人之間存在著女大男小的問題，於是 C 舉棋不定了，她問自己：「我和他能有一個未來嗎？」

第三章　自愛的女人有原則

　　還是用買東西來舉例，商家的貨物雖然是永遠琳瑯滿目的，但自己真正喜歡的就不多了，妳只能在適合的時間挑選一個最適合妳的，考慮太多，就可能失去自己的最愛，難免留下遺憾。

不要為了別人不說閒話，是男人就嫁

　　大齡女 D，因為各種各樣的原因，年近 30 還未找到另一半，她原本並不在意這個問題，但公司同事和家人經常在背後指指點點說「老姑娘」之類的話，D 忍受不了這些閒話，正好有人為她介紹男友，見面後，雖然對男方並不滿意，但為了不再聽閒話，想都沒想就匆匆出嫁，簡直就是「閃婚」，婚後矛盾極大，一年後，兩人又鬧上法庭離婚。

　　可買可不買的東西千萬不要買，如果妳覺得這件商品買不買都行，那麼就別買，買了多半要後悔，這一點多數人都有同感，如果連這個都不明白，那有一句評價就必須聽：糊塗蛋。

不要因為某個男子的負心而遷怒於另一人

　　25 歲的 F，五年前因為工作關係認識了一個有婦之夫，並因此從一個女孩成為一個女人，他告訴她會照顧她一輩子，可是不能給她婚姻，他的話深深刺傷了 F 的心，她帶著滿腔憤怒離開了他。

不久，另一個已婚男性走進她的生活。這次她發誓，一定要讓他放棄他的家然後再甩了他，讓他也好好嘗嘗失去的滋味。

終於，他跟妻子離了婚，準備同 F 結婚了。然而，他的所作所為卻始終無法感動她，於是在婚禮前夕，她選擇離開，把自己曾受到的痛苦拋給了另一個人。

想發洩時要找對方式，即使用瘋狂購物來發洩情緒，也比用感情來報復好，傷人傷己，兩敗俱傷，何苦呢！

不要自己跟自己過不去

小 Q 一直以嫁給有錢人為目標，現如今卻認識了一位志同道合卻並不富有的夥伴，居然還有了結婚的衝動。當她不得不面對自己為自己定下的標準時，她還是不得不忍痛離開了他。

後來，她找到一個 CEO，也就是有時間賺錢沒時間花錢的那種人，連「跟她吃午飯」、「打電話給她」都必須寫進日程表否則就會忘掉的人。CEO 是這樣求愛的：「我很喜歡妳，明天我有個商務旅行，如果妳願意和我在一起，就來機場找我，我可以順便休兩天假，和妳一起出去玩。」

聽上去像一次面試：如果妳對「我的女朋友」這個職位感興趣的話，明天就可以來上班了。女孩輾轉了一夜，終於擦乾淚水出現在機場，臉上有微笑，畢竟算是抓住了這個符

合自己標準的男人，儘管心中很委屈 —— 他根本不容她有自愛的機會。

只有時間能讓她明白，知心伴侶還是比億萬富翁值得共度一生。

莎士比亞曾經說過：「沒有比服侍愛情更快樂的事。」他還說過：「天下再也沒有比愛情的責罰更痛苦的。」是呀，愛情真的很複雜，希望自己成為自愛的女士們，以上關於愛情的地雷妳們千萬要小心！

▌有原則的付出才會有回報

當女人需要與時俱進，設想一下，如果不講原則地付出，究竟是聰明還是傻。別再死腦筋，覺得妳對他是如何好，好得他可以隨意棄妳傷妳，而他破產了跳河妳也要跟他一起跳？有時候，愛情像貼膏藥，只是人生中離不開的生活煩惱。未遇到他時妳就是獨來獨往還不是一樣活到現在？所以，女人若是把愛情看得太重要，那才是自尋煩惱。愛情處理不好，會成為某些女人生命的毒藥，眼中只有男人，恨不得把他含在嘴裡放在舌尖上讓他跑，妳要為男人生為男人死，還要求男人跟妳對等，可男人的天空多寬闊，有事業有抱負有眾多花草，愛情在他們眼中只是第二位的，妳想想，男人做不做得到？

男人出軌為什麼像星星之火呈燎原之勢，從眾多姐妹的例子來看，並不是女人付出越多越好，很多時候付出多了反而不妙。有幾種情況可以大家探討：

輕易不要向男人「奉獻」

有的女人性態度太隨便。男人想要妳就要給嗎？這不好，尤其是女人。男人是從根本上在乎女人對的性態度，妳輕易給他，他未必就能說妳好，妳是有原則的，不是隨隨便便，這點男人不會想不到。

越容易得到的東西，男人越不會珍惜。這是男人的特點，男人對到手的女人，興趣馬上就會降下來，男人可以將性與情分開，妳行嗎？妳把自己交給了他，妳就想著自己是他的人了，妳可能是因為愛才給，可他卻不一定這樣想。他會認為妳太容易得手了，跟別的男人是不是也會這樣？等他覺得妳的身體再熟悉不過了，他的心思極可能移開。妳想想妳那時該怎麼辦？罵他變心、色狼等能挽回什麼？女人的青春就那幾年，輕易獻身的結果，未必就一定能走向婚姻；如果妳沒有「奉獻」，還會不會為了防止他不愛妳而天天祈禱？這不是明擺的道理嗎？

事事包攬容易把男人慣壞

有許多女人立志做個賢內助，為了男人事業發展，什麼

家事他都不用做，好像老公不是老公，是家裡的一尊菩薩。好像家庭不是妳們兩個人的，只是妳一個人應盡的義務。誰都不反對做個賢妻，可是如果妳的男人對妳的付出心安理得，他會心疼妳的付出嗎？妳生病他不照顧妳，妳發的訊息他不回，這叫正常嗎？如果是哪個上司哪個美女發的，他會不理嗎？男人都有惰性，對妳的忽視很可能就是被妳貫出來的，妳還不以為然，妳以為妳很高尚，妳的權益被妳自己忽視省略。到哪天妳撐不住了，責問他的冷漠，他會毫不吃驚地回妳一句：「不是一直就是這樣的嗎？」讓妳無法反駁。男人變心都有一個從量變到質變的過程，妳可得小心了，不要太放任自流，男人本性就崇尚自由，妳再放任下去，離質變就不遠了。

　　男人變心前都有前兆，即游離在正常的家庭生活之外，如不回家，不見人，所以要督促男人履行他的家庭義務，夫妻義務，是防微杜漸，是拉回正軌的必要。不是苛刻，不是為妻的偷懶，而是提醒他，他是家人，不是住旅館。男人像孩子，可不能慣著，慣壞了就難改回來了，而妳還不知是從哪一天開始的，可以少做一點，但不能讓他認為在家沒他的事，督促男人做什麼，全靠聰明女人自己思考。

女人的所有天地都為男人關閉

　　有些女人一旦嫁了人，立刻就像換一個人，不跟朋友約

了，不出席飯局了，不參加集體郊遊了，工作上的事也不盡心盡力了。天上有個太陽，心中有個男人，張口閉口就是老公，自己的友情、親情、工作、生活圈全部關閉，彷彿不這樣就是對不起老公，是對老公的不專一，人是社會性的動物，妳天天消滅妳的社會角色，把妳所有的喜怒哀樂全部繫於男人一身，妳就不想想妳有多傻，他有多累？妳關閉了自己對外交流的天地，就勢必天天纏住他問這問，還產生扯不斷理還亂的小恩小怨小口角，什麼他不陪妳啦、不關心妳啦等等，爾後女人的眼淚像葡萄一串串，他的事忙得團團轉，哪有心情天天陪妳？日子久了，煩不煩？妳的這些負面情緒，全都是沒有接觸外面的世界產生的，純屬自找煩惱。

讓社交圈繼續吧，友情對女人很重要，因為它也是家庭生活的潤滑劑，女人一定要有幾個死黨，在妳情緒失控的時候，確保還有死黨為妳擦眼淚，而不是哀嘆最愛妳的那個人為什麼沒來到，自己的情緒讓自己消化，人都是在平淡日子中長大成熟。男人也有煩惱，可他們不會輕易表現，讓人看到他的弱點。

女人一定要有自己謀生的方式，不要以為嫁了男人就一定有飯吃有衣穿。男人不是妳的長期飯票，沒有哪條法律規定他一定要愛妳一萬年不變。愛不愛妳是他的自由，妳看哪家保險公司可以保愛情險？不要被男人一時的慷慨所迷亂，

妳要有自己的謀生盤算，做好自己的工作，自力更生總是好的，靠人吃飯總是氣短。

男人的財力也是靠自己打拚的，他從骨子裡敬重女人的自立，經濟能力是女人的骨氣，男人為什麼一定要為妳刷卡？妳為什麼無法自立？好吃懶做，當寄生蟲總是讓人瞧不起，有些男人自以為賺錢養家，就能在家裡當老爺，把老婆當丫頭使喚，這樣的日子好過嗎？如果老公是「大款」、「大腕」，做那種全職太太也要有心理準備，居安思危，提升自己，不要丟失了自己的謀生技藝。

所以，自愛的女人可以專一，可以深情，可以執著，但更要珍惜自己的付出。不是付出得越多越好，而是要有自己的原則，要活就活出自己的精彩。男人有困難時妳悉心照顧他就行了，不要把男人當成妳的天，付出多了就會失去自己，這反而讓男人輕視妳。自尊自愛，自立自強，自我完善，有張有弛，才能讓自己的天空永遠湛藍，就是下雨了，也還有一把自己的小傘握在妳手裡。

▌有些事情不能原諒

如果老公背叛自己，那該怎麼辦？

有些女人會在這個時候哭鬧，然後到處找人訴說自己的悲痛，繼而咬牙切齒地說：「既然他背叛了我，我也要讓

他嘗試被人拋棄的滋味。」於是她們在失去理智的時候，為了選擇報復老公，也開始了出軌，當中還帶著些許悲壯的感覺。

這樣的女人，很傻，但是生活中確實有很多這樣的女人。

蕭蕭就是這樣，她怎麼也想不明白，為什麼老公要背叛她，總覺得嚥不下這口氣，說她覺得很受侮辱。

問她準備怎麼做，她說要報復老公。問她想過後果沒有，她沉默不語。

常有人在遇到這類問題的時候，詢問別人該怎麼辦？或許自己早先也想過，若是我自己遇到這類問題又該怎麼辦？

一般人處理的結果無非就是兩種，不是離婚，就是「忍辱負重」地繼續過下去。實際上，關鍵要看感情是否已經破裂到不可收拾的地步。

如果這份感情已經破裂到非離婚不可的地步，好像就沒有必要為了一個已經不再愛自己的男人，隨便和另外一個自己也不愛的男人發生關係，想以此告訴那個背叛自己的男人，做給他看，他能找到發洩對象，我也能找到。這樣的結果，傷害不到那個讓妳受傷的男人，只會讓自己陷入更加絕望的地步，如果這份婚姻已經沒有必要挽回了，那麼何必破罐破摔，讓自己的感情再受傷一次呢？

如果妳捨得放棄這段婚姻，那麼就勇敢地選擇不原諒；

第三章　自愛的女人有原則

若是捨不得，覺得他只是一時糊塗，那麼就勇敢選擇諒解和寬容對方。不要耿耿於懷於男人的某一次出軌，也不要老是在平日爭吵時說起這點事，有些事時常提起，不如爛在肚子裡，就算開不出淡雅的花，也要當成往事一併消亡。

不管是男人還是女人，遭遇真正感情危機的時候，大都是做不到完全理智，但是作為女人，在遭遇男人感情背叛的時候，一定要記得，只有一種選擇，堅決離開，不要繼續。不要想著在繼續的前提下也學著背叛婚姻，在感情上，如果一個人出現背叛，那麼就沒有可能在日後的不斷修補中堅持這份婚姻，感情上的背叛不是身體上的背叛，就算妳們曾經愛得死去活來，也注定要成為過去。

有時候不原諒也需要勇氣，當愛情已變成欺騙與荒蕪，當離去已變成傷害，當人心已變得自私與麻木，當情感已變成工具與條件時，我們就不應該糾纏痴迷，濫用寬容，不原諒並不代表不能忘記，因為那些人根本就不值得我們原諒，只配把他們扔進生活的垃圾桶，然後忘記。

記住這個原則，就算妳再自愛，也不能表現出軟弱。對於感情，妳要求的只是專一，這就是原則，違背了這個原則，就堅絕不能原諒！

有些人是必須遠離的

　　妳有過這樣的體驗嗎？本來心情爽朗、興沖沖地赴友人之約，最後卻敗興而歸，妳可能會因此自責，其實不盡然，問題也可能出在那些「朋友」身上。

　　古時候，墨子經過一家染坊，看見有幾個染匠正在把一束束絲絹丟進一口口染缸裡。墨子聚精會神地看了半天，然後長嘆一口氣，說道：「這雪白的絲絹，丟進墨水就染成黑色，丟進黃水就變成黃色，投進五彩染料，絲絹也就變成五彩色。染料一變，絲的顏色跟著變，染色的時候不可不謹慎。這個道理，就是做人的道理。交朋友也是同樣啊！」俚語云「靛青缸裡拿不出白布」，這句話說明，白布一經染色就無法再改變了，人生猶如一匹白布，當他經過環境的陶冶：文化、社交、興趣影響之後，就在他的生命中作了定形，再也無法恢復到原來的顏色了。這個古代的故事就是提醒大家，不要亂交朋友。

　　據研究者稱，有些朋友的言行會讓妳感到筋疲力盡、灰心喪氣。研究者因此提醒人們，最好不要和五類人走得太近。

◇　**暗中破壞型**：「妳怎麼穿得像個村婦？」、「看妳，總是把事情搞砸。」當妳想徵求別人的意見時，朋友嘴裡蹦出來的這些令人討厭的評論會讓妳覺得很失敗，不僅如

此，他們還喜歡在人前批評妳。這種朋友看起來總顯得比別人老練，看似是一個熱心的參謀，實則是想在眾人面前貶損別人。他們嫉妒心很強，於是經常話中有話地冷嘲熱諷，以求得自己那陰暗的心理上的平衡。

✧ **滔滔不絕型**：當一大群朋友聚會時，總有那麼幾個人，話匣子一打開便如滔滔江水連綿不絕，讓其他人沒有插嘴的份。這種「話癆」朋友，情緒通常比較亢奮，心理學上叫做「躁動」，亢奮常常使他習慣性地侵占他人的時間，掠奪別人的感受。但也有些人，是想成為大家關注的焦點，故意搶風頭，他們是缺乏自信，生怕別人瞧他不起，所以多話，還有些人「好為人師」，是自信得有些過頭，生怕別人聽不懂。

✧ **自私自利型**：妳勞累了一天，已經鑽進了被窩，「朋友」一通電話打來，硬要妳陪他玩通宵；妳稍加遲疑，那邊便用「是不是朋友」來責問妳。這種朋友很自私，心理上總覺得別人得到的多，自己得到的少，感到不平衡，因此常常不自覺地透過任意擺布別人來滿足自己不平的心理。

✧ **慣於毀約型**：當妳興沖沖地起個太早來到事先約好的地方，左等右等就是不見人。最後對方一句「不好意思，我有事」，讓妳心情大打折扣。這類朋友心理常常不穩

定，情緒多變，一開始覺得有興趣就爽快赴約，過幾天就覺得沒興趣了，因此便會常常「放鴿子」。

✧ **過於多愁善感型**：多愁善感不是缺點，但面對過於多愁善感的朋友，卻經常讓妳覺得自己成了對方傾倒苦水的「垃圾桶」，聊天的內容全是訴苦抱怨，沒有一點陽光的話題。這類朋友通常很自卑，遇到問題沒有勇氣尋找解決的辦法，長此以往，他們的不良情緒就會影響妳的心情和看待世界的眼光。

此外，還有一些人也是需要保持距離的，不管她是不是妳的「閨密」，但必須防止她的這種毛病出現。我們把這類人暫稱為「問題」朋友。

✧ **牢騷王**：她訴苦比聊天還要多，但她有時間留給妳嗎？相信只有妳做她出氣桶時才有。

✧ **偷別人男友的人**：這種人會把妳最親密的朋友帶回家，甚至和他們祕密交往，卻不會告訴妳。

✧ **輕浮的人**：某一天她是妳的最好朋友，但過了這天，她卻連妳的名字也可能忘掉。她朋友太多，留給他們的時間卻太少。

✧ **調情的人**：她和妳的男友來往甚密，事實上是太密了一點，他們甚至在分別前接吻如膠似漆，會分享笑話，會有肉體接觸，她簡直不算是朋友，而是想搶人家男友的人。

第三章　自愛的女人有原則

✧ **翻舊帳的人**：妳本來是在沒有愧疚感時才能和她來往，妳們沒有相同之處，但她卻總會把妳好不容易忘掉的生命中的某一個時刻翻出來講，別猶豫，今天就拋棄她吧。

這些「問題」朋友如果影響到了妳的情緒和生活，就要學會堅決予以拒絕，但拒絕也要講究技巧，要特別注意的是，千萬不要用強硬的語言指責他們，要盡量委婉一些，這才是自愛的表現。

有五種「可交」之友可以多來往。

✧ **「閨密」，即終身頭號好友**：妳無法想像沒有這種朋友妳會怎麼過。妳未必天天談論她，但當妳一談，妳們倆彷彿就不曾分別過，她知道妳的一切，更重要的是，她會包容這一切。

✧ **童年好友**：妳們也許不再有很多相同之處，因為妳們從小一起長大，但她之所以重要，是因為她能提醒妳應該怎樣更好，而且一向都是這樣的，也許妳讀書時她坐在妳隔壁，也許妳第一份工作就和她共事，總之，她和妳幾乎是穿同一條褲子長大的。

✧ **異性朋友**：每個人都需要一些異性朋友，但他不必是自己的新舊男友。結交這種朋友的規則在於，他要不是像妳的兄長一樣可信，就是像妳的弟弟一樣可愛，否則，他稱不上朋友，而是一位等愛的男人。

- ◇ **「難友」，就算是共患難的朋友**：這種朋友絕對要天賜良機才有，因為她和妳正分享生命中的某一階段。妳可以在產下第一個孩子、孩子開始上學、妳決定重新出來工作、或恐懼的時刻，找到這位朋友。她會和妳分擔妳生命中的一切憂愁、煩惱。

- ◇ **「酒友」，即酒肉朋友**：她不必整天和妳黏在一起——這太累人了，妳甚至可以不認識她。但當妳想忘掉自己的煩惱，需要找舞伴或至少喝掉一瓶酒時，妳就要用得著她了。

▌有些忙是不能幫的

一群螞蟻在忙碌著。

一條肥碩的白蟲子，比在場的所有螞蟻加起來的體積還要大得多，但牠們仍在很吃力地將獵物向前移動著，真是「蟻心齊，獵物移」啊！妳彷彿都能聽見牠們那整齊又雄壯的口號。

獵物終於被運到一個扁窄的小洞口停了下來，沒錯，這裡面就是蟻巢了，可是和這小洞口比起來，白蟲子實在是太碩大了，牠們花了很長時間都沒能把這條蟲子運進巢裡，旁觀者忍不住伸出了援手，想幫牠們把蟲子塞進洞裡，然而在人的手剛觸到蟲子，螞蟻們忽然像遇到災禍一般，驚慌失

措，四下逃散，其實在我們人類的生活中，有時候這樣的例子也不少，在碰到類似的事情，當看客也行，做過客也罷，有些忙，篤定是不能幫的。

✧ **需要委託第四人的幫忙**：如果某人需要的幫忙，是妳和妳比較親密的親友無法做到的，需要透過更複雜的關係才能達成，3段人情換1段人情實在是怎麼想都不划算的，而且其中可能牽扯出來的麻煩只會讓妳剪不斷，理還亂。當然，某些生命攸關的大事除外。

✧ **太熱衷撮合朋友之間的愛情**：都說勸和不勸分，不過太過分的撮合，於己於人都不見得是一件好事。愛情是這世上最深奧的學問之一，大道理可以勸，至於小細節，就讓小兩口自己磨合吧。事實證明，過於熱心朋友之間的愛情問題，是最徒勞無功的白費力氣。相親這回事也是一樣，就像那句俗語說的，師傅領進門，修行靠個人，有沒有緣分全在他們自己，妳沒必要過分熱心。

✧ **介紹朋友到自己公司上班**：如今好工作難求，於是幫助引薦工作的委託越來越頻繁，介紹工作可以，但還是建議不要輕易引薦朋友到自己的部門，生活裡的親密關係到了工作場合只能是無形的阻礙，無休止的擔心和責任往往是從妳們成為同事那一刻開始，引薦他去其他部門，即幫忙牽了線，又不用為今後他的發展買單。記

住，公司裡是競爭關係，是利益關係，一旦出現矛盾，
得不償失。

✧ **逞強的忙不能幫**：幫忙的定義是以己之利，助人之難，
盡力而為之，而並非是逞強，逞強的幫忙讓妳無端從一
個幫忙者變作被幫忙者，莫名其妙地為自己的生活加重
經濟和感情上的負擔，同樣很不划算。

✧ **重複幫忙同一個人太多次**：雖然我們要歌唱生活的美
好，但不得不承認，每個人的生活中或多或少都有一些
不爭氣的朋友，他們處境艱難讓人惻隱，對他們而言，
過於頻繁的幫襯可能適得其反，只會加重他們的依賴心
理，比起物質上的幫助，他們更需要的是精神上的激
勵。

✧ **幫助別人做重大決定**：沒有人是真正的神算，所以請不
要輕易地為別人幫忙選擇一些不可逆轉的大事件，即使
妳有百分百的把握，也不能無視價值觀差異可能會到來
的分歧。像出國、結婚、職業選擇、買房、家庭糾紛這
些事情，只需要給足建議，具體的選擇還是交給當事人
自己來定奪吧，否則，到時候後悔時，千古罪人的枷鎖
會讓妳喘不過氣。

第三章　自愛的女人有原則

▌有些錢是不能亂花的

香港女富豪龔如心，1979 年與丈夫王德輝創立華懋集團；1990 年 4 月，丈夫遭綁架下落不明，她獨自掌管生意，擔任英國切爾斯菲爾德房地產公司董事，後來華懋集團財產達到數百億港元。

龔如心在丈夫遭遇不測後，原本是賢內助的她用柔弱的臂膀獨自扛起了事業中的種種重擔，充分發揮了自己的組織管理才能，將事業經營得蒸蒸日上，成為讓人尊敬的財智女人。

人生的旅途並不都會一帆風順，將自己的未來完全賭在一場婚姻上的女人，必定要為自己年輕時的率性付出代價，一定要記住，男人不是女人永遠的飯票。適合妳的理財方式不僅決定女人的「錢途」，也決定著女人的幸福。

妳還在認為「女人做得好不如嫁得好」、「錢只要夠花就行，懶得動心思」、「打折商品物美價廉，我要瘋狂採購」嗎？那麼妳 OUT 了。

要想自愛的女性應該明白：做得好才可以嫁得更好。當事業和婚姻都可以逐漸完美並為之努力的時候，妳便可以在眾人中淡定地笑看花開花落，那份從容的屬於自己，也能分享給家人和身邊的朋友。

當下的金融工具中，儲蓄、基金、股票、信用卡、保

險、外匯、黃金、藝術品、房產投資其實都存在著不少理財技巧，如果妳了解它們，便可以駕輕就熟地運用它們為自己和家庭生財，「死錢」可以化成「活錢」，使家庭的資產累積起來以實現財富的成長。

一個聰明的女性應該是不斷學習，靠知識理財的時尚女性，既懂得精打細算，又知道好好犒賞自己，既投資財富也投資健康；既投資自己也幫助丈夫做好事業規畫；既掌好家庭財務規畫的方向盤，為家庭經濟留一條後路，也能給自己更多的主動權和迴旋空間。

女人們常說，女人的美是多種多樣的。認真的女人很美，善良的女人很美，執著的女人很美。然而，大家更認為，既懂得投資又懂得消費的自愛女人才是最有魅力的。

從現在開始培養自己的理財智慧，總有一天，妳的幸福生活目標會實現的。

一個積極想要賺錢的人，絕不會以溫飽為滿足，一定想讓自己的生活多彩多姿，天天充滿賺錢的活力。

可惜，太「聰明」往往賺不了大錢。按常理分析，越聰明、讀書越多的人，就應該越能賺錢，但賺錢不能光靠書本知識，一定要親自實踐，不要在知識的象牙塔裡空做白日夢。

如今社會上的富人背景往往呈現兩極化，不是繼承祖業的「富二代」，就是從小貧困、白手起家的創業者，而後者的能力和累積財富的持久力大多優於前者。

第三章　自愛的女人有原則

會理財就要會動，不要怕羞，一般人想要多賺錢，也一定要勤於「動」，至少平常要勤於與人「互動」，讓人際關係活躍起來，賺錢的機會就會更督，在「動」的過程中，要記住不要害羞，不要怕丟臉，靠面子賺不到大錢。

還要學會充滿自信心和好奇心，想要致富，不僅要充滿自信，更要充滿好奇心，好奇本身就是人類生活進步的原動力，是創造力。

嫁得好不如會理財，這年頭靠誰都不如靠自己，那些嫁入豪門的娛樂圈明星們，落得悲慘下場的也不在少數。與其思索怎麼嫁個有錢人，不如好好學會理財，將自己變成有錢人，這樣才能衣食無憂，花錢不用看別人臉色啊。

聰明消費不做「BUY」金女。大多數女人血拼時，看見喜歡的東西，誰都攔不住，所以學會記帳是相當必要的，每個月看看自己的記帳本，就會發現哪些東西是一時衝動買回來的，哪些是必要支出，我們得把錢用在刀刃上呀。

光會存錢是不夠的。只會存錢那還不是會理財，存錢是永遠無法跑贏 CPI（消費價格指數）的。要想跑贏 CPI，要想錢生錢，還得把錢用來買點基金、買點銀行理財產品等，讓專家幫妳賺錢。當然選擇專家要謹慎，否則專家變「磚家」，錢賠光了，連哭的地方都沒有。

想花錢就要有得花，理好財，會理財，才能讓妳想花錢

就有得花。比如，自己的養老金、孩子的學費，不妨試試基金定投，保險是萬萬不能少的，誰敢保證沒病沒痛的，趁年輕買個重大疾病險和意外險，讓自己和家人多一份保障。

除了傳統的理財方法，我們還要充分調動賺錢積極性，見縫插針賺錢。手中如果有筆錢要一週後才派上用場，那我們也別讓這錢閒著，透過銀行某種存款方式等短期理財業務，至少也能賺點生活所需。

當鋪可不再是只有窮人才光顧的地方了，去國外旅遊時可以暫時把車典當了，不僅能提前得到旅遊資金，還能免費停車，回來再把車贖回來就行了。有意識地理財，變成財女就指日可待啦。記住那句忠告：妳不理財，財不理妳。

▌自愛女人的做人原則

✧ 每天打扮得優雅接著從容出門，帶上不同的笑容，讓自己心情舒暢充滿自信。

年齡的大小僅僅是決定年輕與年老的數字，但卻不是唯一的象徵，心態年輕的女人會永遠年輕，有人說女人是沒有年齡的，可能就包含了這層意思。在妳身邊一定生活著這樣的女性，人到中年穿著打扮卻入時得體，看上去比實際年齡小 5 ～ 10 歲；有的本來學識能力不高但對自己卻充滿自信成為女強人；有的經受了感情和生活的

第三章　自愛的女人有原則

　　困擾，卻能坦然處之，對生活充滿熱情，帶給人朝氣蓬
勃的感覺。

◇ 對善意欣賞妳的男子，回報淺淺的微笑，讓他們感覺妳
是一個有涵養有魅力的女人。

　　女人是社會的一道風景，是男人眼裡的自然景物，窈窕
淑女君子好逑也是人之常情，一個有涵養的女人知道怎
麼樣回報男人的善意追求。

◇ 不要貪慕虛榮，虛榮是一劑毒藥，而且會上癮。

　　女人一生最容易犯的錯可能就是貪慕虛榮，嚮往過那種
衣來伸手，飯來張口的富太太生活，嚮往成為貴婦，
喜歡有男人寵著，喜歡爭強好勝，喜歡爭風吃醋，為了
達到目的往往會不擇手段毀掉人生，但那種女人是「花
瓶」。

◇ 寧缺毋濫：不要因為寂寞隨手抓一個男人，這對妳和他
都不公平，而且太缺乏責任感。

　　女人要對自己一生的幸福負責，和男人交往首先要看他是
不是有責任感的男人，而後再看他是否珍惜感情，還要善
於觀察他與妳交往的目的。

◇ 妳可以愛一個男人但不要把自己的全部都賠進去。沒有
男人值得妳用全部生命討好，妳若不愛自己，怎麼能讓
別人愛妳。

如果妳真心愛一個男人就用心愛，用女人的智慧占據他的心，女人必須善良賢惠但同時也應該聰明智慧，如果妳做到這些，妳的男人還是不太愛惜妳，那就請妳不要捨不得他，更不要用青春討好他，對這樣的男人，最好的建議就是盡快離開他，女人要自尊，自強，自立，自愛。

✧ 如果一個男人開始怠慢妳，請妳離開他。不懂得疼惜妳的男人不要為之不捨。

✧ 不要和男人動手，妳打不過他，會對女人動手的男人都不是什麼好人，不值得理他。

✧ 經常做點妳最拿手的菜給他吃，讓他在外吃喝就想著妳對他的好。有句俗話說得好：想要抓住男人的心，首先得抓住他的胃。

✧ 認真地對待妳的工作。工作也許不如愛情來得讓妳心跳，但至少能確保妳有飯吃，有房子住，女人應該努力地工作，不只是為了男人，為了家，更是為了自己。

✧ 偶爾自己唱歌給自己聽，唱得好壞不重要，心情爽朗就行。

✧ 唱歌就是放鬆心情，讓自己輕鬆自如。自己唱歌給自己聽能進入另一種境界，讓自己猶如夢遊在意境中，陶醉在其中忘掉一切。

✧ 要有幾個死黨，獨自一人的時候，確保還能有死黨為妳

第三章　自愛的女人有原則

　　端茶送水，而不是聲嘶力竭地叫喊，為什麼說愛妳的那
　　個人不能來陪妳。

✧ 睜開雙眼選擇妳的未來伴侶，如果選錯了，立即分開。
　　不要湊合過日子，那樣會害了兩個人。

✧ 買適合自己的衣服、飾物，適合妳的才是最好的，所以
　　不必羨慕別人的行頭。

✧ 不要接受妳不喜歡的男子送的任何禮物，哪怕它很貴
　　重；不要拒絕喜歡妳的男人送給妳的禮物，哪怕它只是
　　從千里外帶回的一根鵝毛。

✧ 一次只愛一個人，不然連這一個妳也留不住。

✧ 對妳不喜歡的追求者表示出的示好和關心，要堅定地說
　　不或婉言拒絕。

✧ 對妳喜歡的男人不妨大膽表示妳的看法，妳至少應該明
　　白，在男人聽來，「我喜歡妳」和「我愛妳」是兩個層
　　次。如果妳不表態，他會逐漸喪失對妳的「性趣」，甚
　　至連朋友都做不成。

✧ 學會化精緻淡雅的妝容。懂得出現在什麼場合著什麼服
　　裝。

✧ 不要因錯失好男子而後悔，他們不是屬於妳，只不過是
　　妳接著睜大眼睛再尋找一個就行。

✧ 不要愛上已經結婚，卻對妳信誓旦旦說會拋妻棄子迎娶

妳的男人，如果他們真的沒有感情，自然會離婚，而不是整日對妳說那些莫名其妙的話。

✧ 即便是熱戀中，也不要 24 小時都想著同一個人，可以分一點給妳的家人和朋友。

✧ 記住妳喜歡的人的生日，包括妳的家人，當然，還有自己。

✧ 瘋狂的事情經歷一次就好，比如翻越千山萬水去看望一個人。

✧ 萬一脆弱得不行了，請選好哭泣的對象。不要隨便借別人的肩膀和胸膛，因為這種時候很容易就會「借別人的床」。

✧ 出門前，記得照鏡子，檢查一下著裝是否協調。如果時間太趕，建議睡覺前就選好第二天穿的衣服。

▎忠於自我，活出精彩

✧ **忠於自己，有靈魂的女人，心裡有一盞光：**我在樹上點亮一盞燭光，幽冷的夜晚變得熱烘烘的，所有的情緒也不再躲藏，快樂、悲傷、憂愁、煩躁。隨著燭光融化，樹葉飄落，消失無蹤，一盞光、兩盞光、三盞光 —— 心漸漸安靜下來，回到自己的方向，這個時刻多麼美好，我在樹上搖搖盪蕩的，迎接天明的第一瞬微亮。

第三章　自愛的女人有原則

✧ **忠於自己，有愛情的女人，永遠有少女玫瑰般的心**：愛情因為等待，所以迷人，緊張怦然的情緒，雖然看不出表情，卻透露在緋紅的雙頰裡；時間靜止的片刻，彷彿可以聽見，落葉和心跳交錯的聲音，一朵紅花，綻放熱情，追求愛的真諦。

✧ **忠於自己，有風格的女人，才會活出美麗的自我**：美麗的鳥兒，在絢爛的雲彩上振翅高飛，姿勢優美，奪目動人，卻怎麼也離不開風的舞動。華美的一切，沒有恣意的自由。我喜歡簡單，享受幻想的快樂。

✧ **忠於自己，敢冒險的女人，才會擁有最精彩的人生寫真**：夢幻的仙境總是誘人，並且需要經過冒險的前進，結果當然不一定如原先所探求，然而只要有勇氣迎向未知，過程也是璀璨而美麗，不要輕易錯過。

✧ **忠於自己，有選擇的女人，才能堅持內心最真實的渴望**：幸福的夢想總是在那，一路上卻又有許多別的方向可以選擇，常常迷失在自我的想像中，或害怕前往幸福的路不好走，所以繞路或故意忽略，然而只有勇敢向前，才能到達幸福的終點站。

✧ **忠於自己，有角色的女人，靜待著心靈澄靜的時刻**：不知不覺之中，我們常突然以為自己深陷在膠著的狀態裡憂愁、掙扎，急於擺脫，不知所措，其實有時候，洪水

猛烈未必就是絕境的源頭，情緒的糾葛才是亂的始作俑者。即使身在漩渦裡，不要一直想著如何跳出去，暫時地隨波逐流，試著與自己的心共處，反而可以找到安全的出口。

一定要做一個忠於自己的女人，不管其他人如何看待，我要忠於自己的內心，首先要學習的，是對自己坦誠，永遠不放棄自己，而要相信自己。

一個對自己都不忠誠的人還能忠誠什麼？尤其是忠於自己的原則。忠誠於別人很難，忠誠於自己更難，因為現時的社會有太多的誘惑和無奈。一個人有無原則，是否忠於原則是兩個基本問題。能根據自己的實際情況制定適合自己的原則很難，但能始終忠於已定的原則，而非朝三暮四，朝令夕改就更難了。

做人要有原則，做事要有規畫或策略，這道理很多人都懂，但不一定能持之以恆，因為始終要保持內心和外在的平衡是很難的，但沒有原則或規畫，要始終保持內外平衡就更難了，因為不知道自己是誰，能做什麼，願意做什麼，應該做什麼，尤其是不應該做什麼，其實所謂忠於自己，無非就是始終堅持自己的原則和策略，保持平衡而已。

第三章　自愛的女人有原則

第四章　自愛的女人知取捨

　　我們之所以擁有現在輝煌的人生，正是由於多年來不斷取捨的結果 —— 妳的所取構成了妳所擁有的生活，而妳的所捨，則使妳的生活與其他可能性的生活區別開來。

　　女人一旦知道自己要什麼，不要什麼，生活便井井有條，幸福便唾手可得。懂得取捨，自愛的形象就會開始一步步地建立起來 —— 自愛的女人們珍惜自己所要的、所愛的，但對於自己不需要的，哪怕它再怎麼絢麗，她們也不會被誘惑、被蠱惑。因此，自愛的女人舉手投足、一顰一笑、一言一行中都充滿了矜貴的氣質。

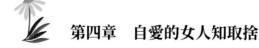

第四章　自愛的女人知取捨

▌知道自己要什麼

佛洛伊德說：「我窮 30 年之力，研究女人的靈魂，仍舊無法回答如下的問題：女人，女人究竟要什麼？」

有了男人，不一定有愛情；有愛情，不一定有安全感；有男人、有愛情，也不代表有安全感；當男人、愛情和安全感都有了，女人不禁懷疑這一切是不是真的，於是，她又失去了安全感。

所謂安全感，包括精神和物質。女人找到有情有義的男人，但他沒有錢，她唯有迫他發憤圖強。

男人說：「那妳找個有錢的。」

女人說：「有錢的男人又沒有安全感呀！」

男人、愛情、安全感，這三條全部都具有非常難。買樂透的人都知道，中獎的通常是那些不懂走勢或預測的人，他們隨手填幾個號碼，時來運到，一贏就贏個上百上千萬，反而那些標準樂透迷，不眠不休地研究，卻連場敗北。

「我想有個家，一個不需要多大的地方……受傷後可以回家。」這是潘美辰〈我想有個家〉中的一句歌詞，她的這首歌唱出了多少人的心聲，不管妳是男的是女的，都會有所感觸，就算是浪子也有想家的那一刻，更何況妳、我、他都不是浪子。我們這些人都是平凡的人，都有一顆平常心。

女人應該知道自己要的是什麼，無論是愛情還是事業，

找到自己的重心，腳踏實地地生活，成長才是長久之計。

　　知道自己是誰，自己有什麼，自己可以做什麼，是能夠真正做的前提。對於事業如此，對於愛情也是如此。

　　妳究竟想要什麼？

　　這句話，妳問過自己嗎？

　　具體來說，就是妳想過什麼樣的生活？要在哪裡生活？想從事什麼職業？擁有什麼樣的狀態？

　　很多人連想也不想就這樣回答：我什麼都想要——

　　夠花的錢，浪漫的愛情，又帥又有錢還很疼愛自己的男人，輕鬆舒適的工作，寬敞的大房子，漂亮的車子。

　　這或許不是天方夜譚，而是完全可以實現的夢想。

　　但問題的關鍵不是妳的夢想太大，太多，太過於奢華和貪婪，而是妳為這些夢想的實現做好準備了嗎？

　　一定要知道自己想要得到什麼。

　　當妳明確了自己想要得到的目標時，就不會迷惘，而是會執著地朝著目標走下去。

　　把大目標分解成小目標，一步一步地實現。

　　比方說，妳想把英文說成和英國土生土長的人都能開玩笑的程度，不要指望一天兩天就能實現，只有每天持續練習，持之以恆，一年，兩年到五年，不用五年，妳就可以夢想成真。

第四章　自愛的女人知取捨

人生的每一件事情都大抵如學英文一樣，如果能做到持之以恆，一般來說沒有做不成的事。

很多女孩子歡天喜地地選擇了一個奮鬥目標，但在學習和前進的過程中，總會遇到一些困難和挫折，有些人就會逃之夭夭，望「目標」興嘆。有些女孩子還會抱怨自己不如別人命好，其實只是缺乏勇氣、毅力、恆心和堅定的信念，遇到一點點困難就畏縮不前，小小的風吹草動就會讓她意志動搖，乃至放棄理想。

成功，貴在堅持。

仍然就學習英文這件事來說，有的人不是找藉口說沒時間，就是沒有吃苦耐勞的學習精神，因為這些人太嬌寵自己，總是認為──明天再學也來得及，結果是明日復明日，明日何其多……最後，一事無成。

如果能夠堅持下去，就一定會有不一樣的結果。

▌不貪婪的女人最矜貴

深海裡，一隻小鯊魚長大了，開始和媽媽一起學習覓食，牠逐漸學會了如何捕獵食物，媽媽對牠說：「孩子，你長大了，應該離開我獨自生活。」鯊魚是海底的王者，幾乎沒有任何生物能傷害，就算媽媽不在小鯊魚的身邊，還是很放心，牠相信，兒子憑藉著優秀的捕食本領，一定能生活得很好。

幾個月後，鯊魚媽媽在一個小海溝裡見到了小鯊魚，牠被兒子嚇了一跳，小鯊魚所在的海溝食物來源很豐富，牠就是被魚群吸引到這裡的，小鯊魚在這裡應該變得強壯起來，可是牠看上去卻好像營養不良，很疲憊。

究竟出了什麼問題呢，鯊魚媽媽想。牠正要過去問小鯊魚，卻看見一群魚游了過來，而小鯊魚聚精會神，正準備捕食。

鯊魚媽媽躲在一邊，隱蔽起來看著小鯊魚，看他等著魚游到自己能夠攻擊的範圍，其中一條魚先游過來，已經游到了小鯊魚的嘴邊，絲毫也沒有感覺到危險。鯊魚媽媽想，這下兒子一張嘴就可以飽餐一頓了，可出乎牠意料的是，兒子竟然連動也沒有動。

兩條、三條、四條，越來越多的魚游近了，可是小鯊魚卻還是沒有動一下，反而盯著遠處剩下不多的魚，這個時候，小鯊魚不知怎麼突然急躁起來，兇狠地撲了過去，可是距離太遠，魚群都輕鬆地擺脫了追擊。

鯊魚媽媽追上小鯊魚問：「為什麼不在魚在你嘴邊的時候吃掉牠們？」小鯊魚說：「媽媽，妳難道沒有看到，我也許能得到更多。」

鯊魚媽媽搖搖頭說：「不是這樣的，欲望是無法滿足的，但機會卻不是總有。貪婪不會讓你得到更多，甚至連原來能

得到的也會失去。」

其實我們人類又何嘗不是這樣。有些時候，得不到的原因不是妳沒努力，而是妳的心放得太大，來不及收網。

▌勇於捨棄不屬於自己的

有一次，在一個談話節目中，聽到有一個女孩子說她已經 28 歲了，在一個私人企業工作，認為自己長得並不差，卻不知是為何，一直沒人追求。前幾個月，終於有一個男生追求她了，對她也不錯，但卻是個禿頭，而且她發現，他的家人竟是有禿頭的「遺傳基因」，幾乎是無一例外，年紀輕輕就都成了禿頭男人。她不愛卻又不忍回絕。主持人問她：「妳愛他嗎？」她說：「不愛，只恐怕要是回絕了他，就不會再有人追求我了，並且他對我這麼好。」主持人語中帶刺地說：「妳是不是認為，除了這個禿頭的男人，妳就沒人要了？既然這樣，妳就不要心中不快了，禿頭，也是妳選擇的。」女孩說：「但我一見他，就心中很不高興啊，我一直不願意把他介紹給我的親友，就是因為他的禿頭，讓我很沒面子。」主持人說：「妳和他在一起才幾個月，就對他如此看不順眼，那你們如何共度以後漫長的歲月呢？妳放棄這段感情吧，重新開始。」女孩迫不及待地說：「那多麻煩，中斷這一段感情，再和別人重新開始，太累了……」主持人不等她說完，就不耐煩地打斷她，

主持人身為一個女人，看到一個同性竟如此輕賤自己，而有些憤怒了。主持人說：「如此說來，妳還是說服自己和那個禿頭的男人在一起吧，以妳的觀念，有一個禿頭的男人要妳就不錯了，再見！」

主持人掛斷了電話，還餘氣未消，說：「一個女孩子，才28歲，不想著自我提升，卻急著要把自己嫁出去，真不知道她的後半生要如何度過。」

不光是主持人，誰聽了都生氣，28歲，多麼美好的年紀，竟然無法放棄一段沒有愛的感情，尋找一段新的愛情，和一個自己看都看不順眼的男人過一輩子是多麼痛苦的事情啊，這種女人處理事情如此拖沓，活該她無法得到幸福。

其實，能做出如此作為的，何止是這個女孩呢？在好多不幸福的家庭中，有很多女人默默地忍受著不幸，嘆息著命運捉弄人，卻從來沒想過，打破當前不幸的桎梏，開始嶄新的生活還是要靠自己。

女人要勇於放棄，手中抓著不幸，不捨得鬆手，就不能空出手來把握屬於妳的幸福，開始新的生活，不要找理由，說什麼為了孩子，說什麼為了面子，說什麼為了家庭，當妳面對不幸時，勇敢地放手，妳會發現，妳的腳下並不是萬丈深淵。

聰慧的女人懂得對自己負責，如果不屬於自己的，會勇於捨棄，這樣就不會再做無謂的努力，也就贏得了尊嚴。在

第四章　自愛的女人知取捨

我們的生命中，有許多食之無味，棄之可惜的東西，我們會因此而耗費好多的精力，有時甚至困擾了自己。那我們何不快刀斬亂麻，乾脆放棄它，長痛不如短痛也。

當妳隨著時間的推移，發現與妳戀愛已久的情人不夠愛妳的時候，理智上妳覺得應該結束這段關係了，可是妳在情感上接受不了，妳可能會說：我愛他，我忘不了他，但是繼續交往，又分明無法帶給妳快樂。

此時何不冷靜地想一想：妳真的愛他嗎？妳愛的很可能不是他，而是妳心中的想像或者是感覺，那種日思夜想、茶飯不思、傾情投入的感覺（因為那實在是甜蜜的折磨）。妳不忍放棄的也並不是他，而是妳在他身上付出的時間和心血。

也就是說：妳並沒有那麼愛他，妳不可能真正愛上一個對妳沒有真心的人，那又何必繼續在一個不愛的人身上浪費時間呢？結束得越晚，妳的損失就越多。現在妳覺得還需要猶豫嗎？捨棄他也許妳會有一段時間的不適應，感到無著無落，因為妳習慣了每天想。

但這時妳必須習慣，然後妳就會發現：原來妳遺忘的能力要比自己想像的高得多。妳還會發現：捨棄了一個他，妳的世界依然美麗而開闊。

朋友之間也是如此，和朋友相處要切忌自私，交往的原

則是：寬容、諒解、真誠，多替對方著想。如果妳對朋友做到了這些，他還是無法真誠待妳，並且利用妳的善良來揮霍妳的友情，讓妳感到和他相處是一種負擔，沒有任何愉悅可言，那就放棄他吧，一個不懂得珍惜友情的朋友不交也罷，同時妳的放棄還可讓他成長，讓他反思自己的過錯。

如果這種可能也成不了現實，那妳就更不必為失去這樣的朋友而難過了。事實上，妳並沒有失去什麼，是他失去了妳這個朋友。妳應該慶幸，捨棄一個太過自私、一點不懂照顧別人感受的人是一種解脫。

捨與得，在人們心目中看來，它表現為有需要的，有想要的；有精神的，有物質的；有名利的，有情分的。「難捨」、「割捨」、「捨不得」等詞彙，展現了人們面對捨棄時的痛苦和無奈。但經驗告訴我們，某些東西如果不捨棄，勢必成為負累。正如印度詩人泰戈爾所說：「當鳥翼繫上了黃金，鳥兒就飛不遠了。」勇於捨棄是現實需要，善於捨棄是處事藝術。

生活中有許多的人和事，需要妳拿出勇氣放棄。也只有勇於放棄的人才能成為自己的主人，才能徹悟人生，笑看人生，才能善於過濾掉煩惱，從喧囂的人生中提煉出快樂。

這也就是：精明的女人勇於放棄，聰明的女人樂於放棄，高明的女人善於放棄，只有生來幸福的女人，不用放棄。

▌計較是貧窮的開始

　　某日，一頭豬聽說水鹿肉很好吃，於是很想試試看，但苦於欠缺捉水鹿的本領，很久未能滿足自己這一強烈欲望。

　　一日，機會降臨，豬碰到一隻正在追水鹿的熊，水鹿在熊的追逼下躲進樹洞，熊好不容易鑽進樹洞，水鹿卻從樹洞的另一出口跑掉。熊繼續追，水鹿繼續逃，不得已又鑽進樹洞……如此反覆，水鹿與熊玩起了「躲貓貓」。豬見熊累得氣喘吁吁卻終不能得，於是自薦說：「熊啊，我體大肥碩，可幫你堵住樹洞的另一出口，讓水鹿無路可逃，我們合作，利益共享，捕獵所得平均分配。」熊暗忖：「這樣也好，有得吃總比沒得吃好吧！」於是，熊答應了豬的提議。

　　須臾，水鹿在豬和熊的夾擊下被捉。速速分了所得之後，熊立即大口享用，豬卻流著口水仔細清點起所分成果來，點來點去，豬發現自己少分了一根毛，覺得很不公平很不划算，於是去找熊理論，熊答：「不就一根毛嗎？何必計較？再說，我已經吃光了所有，你計較有何意義？」豬不服，繼續糾纏，欲爭取那一根毛的賠償。熊十分惱怒，突發威吼道：「再吵小心我一掌拍死你！」豬自知不是對手，遂憤憤然離開。

　　然而，豬心裡始終放不下那根毛，整日為自己吃的虧長吁短嘆，終鬱積成疾，把自己鬱悶死了！別的豬紛紛為其感

到不值，並在牠的墳前立了一塊碑，碑文是：喜歡計較一根毛的蠢豬！

　　計較，是人性的缺點，它讓我們失去太多寶貴的東西。一個快樂的人，不是因為他擁有的多，而是因為很少計較；一個事事都計較的人，他失去的不僅僅是快樂，還有更珍貴的東西，尤其是對於金錢的計較，當一個人斤斤計較的時候，錢也會和妳斤斤計較，所以我看得很開。當妳不是為了錢而活著的時候，妳才可能獲得更多的錢，金錢僅僅是成功的附帶品罷了。與之相反，不計較，則可能讓人擁有許多寶貴的東西，這些都是無法用金錢衡量的。

　　做人不要太計較，努力改變自己，努力喜歡妳周圍的每一個人，這樣別人才會喜歡妳。對於每個人來講，如何讓別人喜歡妳，這非常重要，強迫自己喜歡我周圍所有的人，這個很難，過去我不喜歡他，現在讓我喜歡他，剛開始很難接受，但是我強迫自己尋找對方有些什麼優點，慢慢地就變成習慣，看到一個人就先發現他的優點，只看他的閃光點，我們就會變得不再計較。

　　如果一個人喜歡周圍所有的人，那這樣的人一定是寬容、善良、厚道、正直、向上的。喜歡別人的同時，也把自己的性格也改變過來，妳會發現自己越來越厚道、善良、正直、陽光，妳變得很容易跟別人接近，好性格就是這樣培養出來的，何況每個領導者都願意提拔有能力、討人喜歡的下

屬，如果妳肯改變自己性格中的缺點，那這將對妳未來職業的發展能有良性的作用。

人生際遇很奇妙，越是斤斤計較，把自己搞得整天心驚膽跳又神經兮兮，算計每次付出有沒有值得，多久可以回收，還不如好好放手做！專心把每次工作都盡己所能做到最好，做到問心無愧！

靜下心來思考，在如今這個效率至上的時代，人們似乎已經習慣了做事前計算投入產出比，盡可能把一切都數字化，然後再用計算機按清楚。但是往往就是這樣的心態，使大家在不知不覺之中身上的鋒芒越來越尖銳，對待身邊的人也總是懷疑大過於信任。對於本就應該精細準確的工作，這麼做無可厚非，可是與人打交道時，為什麼不能嘗試放下身上的防備，用心體會，用心交流呢？在擔心什麼？擔心自己付出的比別人多，擔心自己得到的比別人少，擔心自己吃虧。還是在計較啊，計較本不應計較的東西，反而會失去了本不會失去的。

我們是該放下心中那些斤斤計較，正如：世間人，法無定法，然後知非法法也；天下事，了猶未了，何妨以不了了之。做好該做的，不計較原來就是最智慧的計較了。

讓不計較成為妳的特質吧！因為它是寬容、真誠、智慧、遠見與責任，而妳將因此獲得快樂、幸福、人氣、機遇、成功和財富！

▍自愛地對付情敵

　　每一個女人，或多或少都會遇到過情敵。面對情敵只有兩條路，不是爭，就是就撤。

　　撤，很容易理解，那就是放棄，或者是承認失敗，退出競爭。至於爭，當然不是指打架了，是指主動的應對挑戰，屬於對抗型的女人，通常都是善戰能戰而不會輕易放棄，前一種女人大多是性格軟弱，知難而退，隨遇而安，逆來順受。

　　戲劇大師莎士比亞這樣鼓勵我們：「愛情是一朵生長在懸崖邊上的花，要想採摘就必須要有勇氣。」所以只要妳選擇聰明的技巧，誠心誠意地表達妳的愛意，即使最後妳不幸被情敵擊退，所代表的意義也證明了妳是個忠於自己愛情並勇於追求真愛的人，萬一失敗也只能怪自己與他無緣相交了。

　　情敵大致可分三類

✧ **主動招惹型情敵**：較具攻擊性，明知對方有男友、有老公但絲毫不介意，她認為妳比她不如，自信她付的愛比妳濃厚，比妳更深；

✧ **兩廂情願型**，多是男人與她日久生情，或是相互欣賞。他另尋新歡，與她的兩情相悅，除了令妳傷心又頭痛，也說明妳和妳男人之間確有縫隙。這種縫隙若不及時填補，外人「插足」則是必然之事；

第四章　自愛的女人知取捨

✧ 絕對被動型，這是妳男人花心，主動勾引對方之結果。
對他，妳不必再留戀的了，除非為了孩子，妳又願意容
忍他的放縱。

萬一我們確實無法離開自己的男人，被迫面對情敵時，
記住！千萬不可強攻，只能智取，因為我們畢竟還要做一個
自愛的女性。

絕對不要像潑婦將事情吵得一團糟，宜綿裡藏針，以柔克
剛，平靜處理，讓情敵領略妳的溫和，以展現妳自身良好的素
養。妳要智勇雙全，知己知彼，蓄事待發。一旦決定出手，不
可有婦人之仁。情場就是戰場，決定披掛上陣時，妳才是真正
的大丈夫，一旦出手，就盡全力將其置之死地，絕不姑息。

與此同時，在家中，最好是當一切事都從沒發生過，一
如往昔地善待身邊的男人，當然卻又絕對不能讓他認為妳老
實可欺，忍辱偷生。

有時候，我們女人為保護自己的合法權益和家庭幸福，
不得不「道高一丈」，以對付眼前的「魔鬼」。

另外，對於那些隱藏的、潛的情敵，也要防患於未
然，及早填補好可能被人插足的縫隙。對眼前的情敵，妳絕
對不要再提供她與妳男人相處的機會，甚至可以將其缺點在
妳男人面前無限放大。當然，凡事要適可而止，不要因為做
得過頭而演砸了戲。

✧ **火花只是一時，細水才能長流**：女人是水做的，其實，
她的柔情才是男人心頭的刀。女人應該用好上天賦予的
柔情，讓柔情化刀，斬斷男人出軌的情絲。

既然男人能與妳在一起，他首先就是被妳所征服的。雖說
從來只見新人笑，其實每個人都有點香火之情，男人大多
也是有些責任感的。當妳的柔情讓男人感到了幸福，妳的
情敵也就少了一份跟妳叫板的功力了。

✧ **行動才是最重要**：情敵不但善於惺惺作態，渾身還散發
出一股讓妳聞之作嘔的氣質，但她們這些作為和用意，
對於絕大多數的男性很能發揮其有效的功能，因為基本
上每個男人都是喜歡女人的甜言蜜語的！

口中說出來的愛很容易讓人拒絕，而行動表現出來的
愛，卻往往令人無法抗拒，除了要善於表現自己女性的
特質與魅力外，還要隨時隨地地付出關心，以軟化男人
的心。減少他和情敵見面機會，久而久之他必定會習慣
於妳的關懷，並喜歡和妳在一起，而情敵也會知難而退
了。這就是修補縫隙的具體原則。

✧ **保持禮貌與氣質**：聰明的女人不會讓自己的男人在公共
場合陷入尷尬，假如妳和男朋友約會時，正好遇見了情
敵，妳可以溫文爾雅地說：「嗨，真是太巧了，我們來
個三人一日遊如何？」這既表示了妳對這次約會的絕不

放棄，又不咄咄逼人地下逐客令給情敵，不管結局如何，男人會因為妳讓她在這場面下不至於太尷尬而留下好印象。

✧ **學習她而不是批評她**：男人若在妳面前誇情敵的優點，妳千萬不要反駁，更不能嗤之以鼻。要察言觀色，「聽話聽音」，他可能希望妳也具備這些優點。妳當然可以委婉地表示贊同和肯定，並明確表示妳會接受和學習。記住，自愛和嫉妒、爭風吃醋可是冤家對頭！自愛和寬容、大度是好朋友。不怕情敵存在，而是在各個方面強於情敵，那才叫真正的智取。沒見過哪個男人傻到找一個各方面都比妳差的人當老婆，除非他想當一隻春天的貓。

▌沒有什麼值得患得患失

在眾多的兔姐妹中，有一隻白兔獨具審美的慧心。她愛大自然的美，尤愛皎潔的月色。每天夜晚，她來到林中草地，一邊無憂無慮地嬉戲，一邊心曠神怡地賞月。她不愧是賞月的行家，在她的眼裡，月的陰晴圓缺具有極其獨特的風韻。

於是，諸神之王召見這隻白兔，向她宣布了一個慷慨的決定：「萬物均有所歸屬。從今以後，月亮歸屬於妳，因為妳的賞月之才舉世無雙。」

沒有什麼值得患得患失

　　白兔仍然夜夜到林中草地賞月。可是，說也奇怪，從前的閒適心情一掃而光了，腦中只纏著一個念頭：「這可是我的月亮！」牠牢牢盯著月亮，就像財主盯住自己的金窖。烏雲蔽月，她便緊張不安，唯恐寶藏丟失。滿月缺損，她便心痛如割，彷彿遭到了搶劫。在她的眼裡，月的陰晴圓缺不再具有獨特的風韻，反倒險象迭生，勾起了無窮的得失之患。

　　和人類不同的是，我們的主角畢竟慧心未滅，她終於又去拜見諸神之王，請求撤銷那慷慨的決定。

　　同一事物從不同的角度看，就會有不同的感受。好事可以變成壞事，壞事也可以變成好事。如果單從佔有的角度看，「沒有得到」的失意痛苦和「已得到」的患得患失都是不幸的。但如果換一個角度，從創造和審美的角度來看這「未得」與「已得」是否別有一番情趣呢？所以，沒有得到心愛的東西，也未必是一種不幸。

　　人生有兩大幸福：一是沒有得到妳心愛的東西，等待妳追求、創造；二是得到妳心愛的東西，待妳回味、珍惜。

　　得到什麼？又失去什麼？

　　可以是愛，也可以是家庭。總之，是那些想得到又生怕失去的東西罷了。

　　患得患失的人為了得到自己想要的東西，什麼都做得出來。就像在職場中為了得到自己的一己利益，或者為了保住

自己的既得利益，打擊同事，排擠異己，不擇手段，無所不用其極。

　　其實，患得患失的人自己也很痛苦，很無聊，活得並不自在，並不輕鬆。那可真是「熙熙攘攘為名利，時時刻刻忙算計」，結果還多半會「算來算去算自己」。對這種人來說，人生就正如哲學家叔本華所指出的那樣，是在痛苦與無聊、欲望與失望之間搖晃的鐘擺，永遠沒有真正滿足、真正幸福的一天。

　　麻煩的是，進入所謂現代社會以後，生活節奏加快，競爭加劇，患得患失的人們越來越多，而從容不迫，優哉游哉，保持平靜心態的人卻似乎是越來越少了。

　　怎樣才能夠使我們自己不落入彀中，少一分慮患，多一分悠閒呢？

　　很多先哲都明白得失之間的關係。他們看重的是自身的修養，而非一時一事的得與失。孔子說過這樣一句話：「鄙夫可與事君也與哉？其未得之也，患得之；既得之，患失之。苟患失之，無所不至矣。」這句話大意是講：「愚鈍的人可以讓他做官嗎？如果讓這樣的人做官的話，還沒有得到官位的時候，害怕得不到；做了官以後又怕失去。既然怕失去官位，那就什麼都做得出來。」同樣道理，有些在沒有得到富貴與權力的時候，就害怕得不到；得到富貴與權力的時

候，則又唯恐失去。世上許多事都是這樣，越害怕失去越容易失去。

　　患得患失，左右為難時，中庸處世採取的方法是「折中」。朱熹說：「凡物皆有兩端，中大小厚薄之類；於類之中又執其兩端，而量度以取中，然後用之。」又說：「若與之二百則過，與之五十則少，只是百元便恰好。」意思是，所有的東西都有兩個極端，好比大小厚薄之類，在每一類中又可以區分它的兩個極端，透過量度得出它的中點，然後加以採用。好比給一個人錢，如果給他兩百塊錢太多了，給他五十塊錢又太少了，那麼給他一百塊錢就是恰到好處。

　　為人處世，尤其對於重要事情患得患失，挑安全係數最高的事做，拿著經驗當旗幟，這樣雖沒失前蹄，可後蹄卻被攔馬繩絆住了。

　　自然界中萬物的變化，有盛便有衰；人世間的事情也同樣如此，總是有得便有失。妳掌握規律，把握機會，該出手時一定要出手，否則「機不可失，時不再來」，悔之晚矣。

　　患得患失的人總把個人的得失看得過重。人生百年，貪欲再多，錢財再多，也一樣是生不帶來死不帶走。處心積慮，挖空心思地巧取豪奪，難道就是人生的目的？這樣的人生難道就完善，就幸福嗎？過分看重個人的得失，這樣的人變得心胸狹隘，斤斤計較，目光短淺。如果能將個人利益的

第四章　自愛的女人知取捨

得失置於腦後，便能夠輕鬆對待身邊發生的事，遇事從大局著眼，從長遠利益考慮問題。

禍往往與福同在，福中往往就潛伏著禍。得到了不一定就都是好事，失去了也不見得就是件壞事。這是樸素的哲理。人生在世，正確地看待個人的得失，不患得患失，才能真正有所收獲。想做一個自愛的女人，道理也是一樣的。

▌幸福就是懂得取捨

近年來，隨著女性社會地位的不斷提高，事業型的女性越來越多，她們在社會上也非常的搶眼，有的女性在高歌猛進、一帆風順的時候，張狂得不得了；而在四面楚歌的時候，又萎靡的不得了。在當代女性中，人們更喜歡有漂亮外表、又懂得取捨的女人。

拳頭只有收回來才能再打出去，手只有鬆開了才能再抓東西。這些道理說起來容易，但是臨到眼前 —— 難呀！現在有的女性只一味地強調獨立性，追求個性，什麼都高標準嚴要求，事事都想比男人做得好，這份打拚進取的勇氣值得肯定，但有失偏頗。女性追求事業固然沒錯，但也要事業與家庭兼顧，畢竟社會分工不同，對於她們而言，雖然不是什麼名人，但是至少可以稍微學著點取捨。不是鼓勵一個女人為家庭犧牲個人前途，但是作為女人一定要明白，無法像體

育比賽中的全能冠軍一樣活一輩子。

記得有一次我約朋友去看一場演唱會，他說那天要趕公司一份文件，實在去不了。我說：「巨星演唱會多難得呀！」他說：「人不可能什麼都趕上的，想都不錯過，可能嗎？」細想朋友的話，確有一定的道理：人生中值得重視、值得追求的東西有很多，但我們無論怎麼努力，都不可能全部趕上。我們雖然沒有錯過演唱會，但是我們一定錯過了其他的東西，比如陪家人吃飯散步；推掉不必要的應酬，安靜地讀讀書……

最近聽了一個故事，頗為震撼，說的是知名咖啡公司女經理在斐濟旅遊時與當地一名部落村長的兒子一見鍾情。回英國後，她毅然決然地放棄了年薪 45 萬英鎊的工作，來到了斐濟和部落村長的兒子過著柴米油鹽的夫妻生活。晨可看朝暉，夕可看落日，用嫩枝刷牙，晚上席地而眠，每天吃魚和水果，過著原始的生活。

且不管這樣的愛情是否長久，單憑這勇氣，就足以讓人感嘆。這樣的一個女人，深知人生苦短，及時享樂，人生最幸福的日子就是和心愛的人一起，共度好時光。想自己所想，做自己所做，一切物欲橫流都與己無關。

有房有車，那些不是享受生活的必要條件。重要的是有一顆享受生活的心。

第四章　自愛的女人知取捨

我們常說取捨，取是得到，捨是放棄，可知道有時候要捨才可以取？肯捨，才能取得更多？不懂得捨，也就不懂得取。捨，也就是取。幸福，其實就是那麼簡單，看自己怎麼取捨了，不是嗎？

第五章　自愛的內核是氣質

　　自愛若沒有了氣質，就如同一朵塑膠花一樣華而不實。沒有氣質的女人，任妳如何修練都只能是淺顯蒼白的。縱使誇張的言笑，也掩蓋不住空洞乏味的事實。

　　一個有品味的女人，一舉一動都透射著自身的修養，她的一顰一笑關係著她的精神核心，她樂於精進自己，關心世界脈動，且並不整天迷戀時尚雜誌和八卦新聞；文史哲是各有涉獵，偶爾看流行電影，但不局限於情節，反而能從中看到不一樣的東西。或許，她還會學習英文，學習茶道，學習插花，練練瑜伽，廣泛的興趣豐富了她的內敛的心靈。能憑自己的內在氣質在眾人面前亭亭玉立的女人，才是有氣質的自愛女人。這種女人美得不動聲色，美得波瀾不驚。

第五章　自愛的內核是氣質

▌氣質比地位更重要

　　氣質不是裝出來的，更不是有錢就能買來的，若說最能表現女人身分的，那就是氣質，因為這是自愛的內核。一個想成為自愛女人的人，若是沒有特定的氣質，那一切都是空談，一切都變得沒有意義，就因為氣質是素養的累積，是美麗的濃縮，是知識的累積。

　　有些女人，總是在不斷的購物，但在需要時卻拿不出個像樣的東西。但有些女人，哪怕就是一條普通絲巾，都讓人覺得她很有格調。她們之間的差異並不在於錢包的厚度，也不在於身材的好壞，全在於「品味」。

　　女人選購東西的眼光與生活的方式息息相關，購物隨便的人，一樣會隨便做事，隨便交友，有些人會習慣的買廉價的東西之後，再找藉口說好的東西價格太貴，所以買不起，不然就是沒有時間逛街，而這些人對待自己的人生也會用類似的方式。

　　一個有氣質的人，她會精心地包裝自己，她的衣服不會五彩斑斕過分張揚，也不流行前衛譁眾取寵，只會符合自身的個性，在什麼場合穿什麼樣的衣服，感覺不張揚，不媚俗，卻修飾得十分自然得體。

　　不要找任何藉口為自己開脫，誰都可以擁有優雅的氣質。或許妳藉口經濟原因是個很大的因素，那麼請看先賢莎

士比亞的話吧：「妳可以盡妳的財力所及買講究的衣裳，但是不可以華麗爭奇；要大方，而不媚俗，因為衣服時常能表示出一個人的人品。」

千萬不要因為環境差異，就懶得打扮自己，這樣久而久之就會降低自己獨特的氣質，優雅的氣質需要長時間的培養才能獲得，一個女人要把挑選改善自己氣質的物品當做一次又一次人生選擇的練習，長此以往，妳還會滿足於那些唾手可得的東西嗎？

有氣質的女人，當然是優雅的女人。

她精緻的優雅需要用心感悟，而不是用純粹的眼光追逐。她穿著的衣物及佩帶的飾品不一定是精品，但一定能反映出她與眾不同的非凡氣質。她不論何時何地會把自己收拾的清新靚麗，淡妝輕描而不庸俗。她從不隨意邋遢的出來示眾。她會把她要做的事情安排得有條有理，把所處的環境收拾乾淨並充滿著詩情畫意。任何時候妳見到她都總是風情萬種、嫵媚多姿，她的舉手投足、一顰一笑都會吸引著男人的眼球，帶給人們美的享受，感覺就像是欣賞一件藝術珍品而陶醉其中，悠長而彌久。

▌做個有修養的女人

女人就像一本書，容貌只是她的封面，內涵才是她的內容，封面再漂亮，不等於內容也精彩，青春和美貌只能裝點

第五章　自愛的內核是氣質

女人一時，而內涵所獨有的魅力會追隨女人一生。即使女人容顏褪色之後，內涵仍然順利接手。有內涵的女人首先應該是知性的，懂得用智慧的頭腦把自己打扮的精緻而品味高尚。知性女人善於思考，一旦沉浸思考中，臉上自然會多了韻味，那種把眼淚拋得遠遠，抿著嘴或微微側著臉、托著腮沉思的表情很惹人喜歡。有內涵的女人大都是人見人愛的。

在生活中，她們大都能夠主宰自己的命運，無論在身體、情感、經濟還是精神上的幸與不幸，都不會盲目地讓自己歸屬於他人，正因為獨立的、有尊嚴的女人有愛的能力，因此也更容易得到愛，有內涵的女人是聰明但不跋扈，寬容但不縱容，獨立但不過強，她們知道物極必反、樂極生悲的道理，凡事把握好分寸才會遊刃有餘，才能獲得別人的欣賞與肯定，自己也才會一帆風順。有內涵的女人是懂得如何讓日子過得更美好，會營造浪漫情調，會和男人共同建立溫馨的家，會調劑夫妻情感，會給兒女甜蜜的母愛，會孝順長輩。

其實有內涵的女人最應該是懂得體諒男人的女人，不會常把「做女人真難」之類的話掛在嘴邊。總之，有內涵就是男人眼中的好女人，有涵養的女人，才是真正的男人們最想追求的好女人！

女人可以沒有姣好的容貌，但卻不能沒有如水的柔情；

可以沒有曼妙的腰肢，但卻不能沒有高雅的修養，年華會逝去，容顏會蒼老，美麗的外表也終有褪色的一天，但修養不但不會消逝，反而會隨著年齡和閱歷增加而越來越雋永，擁有良好修養的女人才是大多數人眼中最美的女人。

沒有修養的女人，女性的光彩會逐漸褪去，人們會用能吃人的獅虎來比喻她，諸如「母老虎」、「河東獅吼」等。

不要以為脂粉塗飾的外表，就能遮掩住一切缺點，修養表現出的高低與好壞，人們都會充分感受到：是溫文爾雅，是謙卑忍讓；對人不溫不火，不卑不亢；還是急不可耐的樣子，或是死皮賴臉的樣子，和一個沒有修養的人打交道是件很可怕的事，尤其對女人而言，簡直不可想像。一旦失去修養，人就會變得不可理喻，女性的亮采也會黯然地消退。有修養的女人永遠都是瀟灑從容、舉止得體、儒雅大方，不管是顧盼神飛，還是舉手投足，都容易讓人心生憐愛與敬佩，這樣的女人，才是受男人歡迎的女人！

▌做個有內涵的女人

不是生活狀況決定品味，而是品味決定決定生活狀況，這句話並不誇張。

這裡所說的「品味」，是指做人的格調與趣味。它有高雅與低俗之分，通常人們所說的「有品味」，多是指格調高

第五章　自愛的內核是氣質

雅；而對沒有格調和情趣的，則被指責為「沒品味」。所以「品味」兩字，沒有一定的內涵是做不出來的。品味不是虛無縹緲的良好自我感覺，而是全面、整體的，由表及裡的綜合表現。可能說，品味是一種集個人的生長環境、文化層次、生活素養為一體的精神特質，只能靠豐富的知識層次和充實的生活閱歷累積的，不是什麼人想擁有就都能夠擁有的。

有作家在散文集裡這樣寫道：最能反映一個女人品味的，不是她的衣著和愛好，也不是她的車，她家裡的裝飾，而是她愛上了一個怎樣的男人。即使她在各方面都不錯，若愛上一個很差勁的男人，便功虧一簣。

有品味的女人，也是個有責任心的女人。她會對自己的言行、工作、生活、家庭、事業負責，同時她也會對身邊所有的人負責。她懂得作為女人應該以家庭責任為重，上敬老人，下教兒女，她知道相夫教子是她人生中最為重要的責任，但她也不會為此迷失自己。她會有她自己的事業，如果有機會她也能像男人一樣創造出驚人的業績，甚至在政壇上叱吒風雲。在工作上她會盡心盡責，在生活中她會細膩而溫情，她不像是完全的家庭主婦，但家庭對於她而言永遠都是擺在第一位，她珍惜家庭就像是在珍惜她自己的生命。她會對營造家庭氛圍而不懈地努力，對待愛情她會真誠專注且全

心全意，絕不會水性楊花、踐踏愛情。

生活大概就是這樣的，當自己覺得喜歡一個人，就要讓對方和自己平等，至少不能差別太大，不過給妳一個忠告，如果妳覺得自己是一個不一般的女人，妳就應該選擇站在一個成功男人的背後，而不是坐在有錢男人的腿上。

有品味的女人人生樂觀向上，絕不會頹廢放縱；待人真誠而不虛偽，舉止從容而不輕薄，性情平和而不浮躁；自尊自信，但不狂妄自大，溫柔體貼，但不軟弱屈從。

有品味的女人會在自己周圍營造出平靜的生活環境，因為她擁有高雅的愛好和情趣，會用自己的眼睛發現身邊的美，並用心感受它；她還有豐富多彩的內心世界，不會讓無聊、平庸的事情來破壞自己平靜的生活，她能在繁華浮躁的現實中，讓自己的心歸於平淡，她當然也有喜怒哀樂，七情六慾，但是她的表達是自然的、適度的。

有品味的女人大都有獨立的人格，絕不會人云亦云、隨波逐流。在喧囂的人群中，她可能會選擇用沉默來表示她不俗的內心。

有品味的女人都是有責任感的女人，無論在生活中，還是在工作中，她都會盡力扮好每一個自己應扮演的角色，好女兒、好妻子、好母親、好姐妹，甚至是好員工。

一個人的品味，是與其環境、經歷、修養、知識分不開

的，只有有意識地培養，累積豐富的知識，才能有充實的內心世界，才能表現出高雅的品味。

有品味的女人，就是有內涵、有魅力的女人，就是有女人味的女人，即使走在擁擠的人群中，妳也會一眼發現她，因為她太與眾不同了。用品味做底蘊的高雅女人就是這樣不見花開，只聞暗香浮動般地引起人們對她的景仰。

▌擁有智慧的黃金甲

有作家曾說過：「智慧是優秀女人貼身的黃金軟甲，是女人纖纖素手中的利斧，可斬斷征途上的荊棘，可斬斷身邊的煩惱。」

智慧是美麗不可或缺的養分，所以才有「秀外慧中」這樣的成語。相由心生，我們的容顏和氣質最終是靠內心滋養的。男人要為他 30 歲後的相貌負責。男人如此，女人又何嘗不是如此呢？妳所經歷的一切，將一點點地寫在妳的臉上，每天美麗一點點，妳為自己做的便是不斷地養護和滋潤，而不是消耗和透支。青春可以逝去，但美麗得以永存。

智慧女人大都能善待別人，寬容別人，從而贏得真摯的友情和關愛；智慧的女人也能善待自己，寬容自己，絕不因為挫折而放棄自我；智慧的女人更知道要靠自己走完人生的旅程。愛惜自己就是愛惜每一天的生活，愛惜自己的每一分

鐘生命。因為善待自己與善待他人一樣重要，自愛的人才可能真正愛別人。

　　智慧的女人擁有自重的情感，勇於接受來自各方面的挑戰，更善於從大自然與人類社會這兩部神筆巨作中採擷智慧。IQ 會影響的人智慧，卻絕不是天生的，學識、閱歷和善於吸取經驗教訓會使一個人迅速成長。智慧就是這樣一點點地從內心雕琢一個人，塑造一個人。

　　智慧的女人是聰明的，然而僅有聰明而缺少深度則是對智慧的浪費。30 歲的女人已經不再只是單純的聰明了，她們已經進化到了大智慧的境界。聰明的女人知道男人說的話只能相信一半，而智慧的女人卻知道應該相信男人的哪一半話。聰明的女人懂得依靠男人，智慧的女人懂得駕馭男人。聰明的女人看時尚雜誌學化妝技巧，智慧的女人透過閱讀豐富心靈。聰明的女人想：我一定要怎樣；智慧的女人想：我應該要怎樣。聰明的女人了解男人，智慧的女人了解自己。聰明的女人用眼睛看世界；智慧的女人用心看世界。

　　美貌會凋謝，智慧卻會增加，智慧不僅來自學歷，更重要的是來自對生活體驗後的感情和總結。人生的不同階段有它不同的智慧和理念，可以互補，但是不可互相替代，尤其是在多元文化的環境下，智慧更是脫穎而出的必備因素，因為視野一開闊，外表的美麗就在人們中習以為常了。

第五章　自愛的內核是氣質

▌香遠益清的知性女人

　　知性的定義大致是：「具備相當的知識和擁有理性等特質。」在這裡，「知性」除了代表一個女人所擁有的知識層次以外，其實還有一層更深刻的意義，它應該成為自愛女人特有的一種氣質。「知性」源於人們所受的教育和環境，所以並非哪一個看上去文靜的女人就都可以被稱之為知性的，因為知性必然是累積的結果，知識的累積，生活的累積。

　　其實知識只是知性的一個方面，我們身邊有很多的女性朋友，她們大部分都受過高等教育，不過其中真正可以稱為「知性」的卻寥寥無幾，因為她們缺少理性的思考方式。因此不同女性就像不同的書，有的有著深刻的內涵，有的則像是兒童讀物。

　　有女人如同周敦頤在〈愛蓮說〉中所描繪的蓮花般：「中通外直，不蔓不枝，香遠益清，亭亭靜植，可遠觀而不可褻玩焉。」她們不是壓群豔、傲百花的牡丹，也不是守幽谷、會幽瀑的山中木槿，她們是攜著矜貴香氛的精緻白蓮花。她們衣著素淨，適合得體的衣服是她們的首選。她們不盲從潮流。非辦公的休息時光，多數女人用深色和素色包裹自己從容的落寞和孤寂。但客廳的花是不會等到枯萎才換的，不是乾花，就是常換的鮮花，薰衣草、丁香、梔子之類不喧不鬧的花草，但絕對要清新宜人，這就是貼近自我靈魂最簡潔

的行為之一，這些女人身上散發出知性的美麗。

　　知性女人聰明卻不張狂，典雅卻不孤傲，內斂卻不失風趣。女人的知性美是她們身上內斂著的一輪光華，它不眩目，不耀眼，其光若玉，溫潤、瑩透、可感、可品、可攜。

　　女人身上的知性，帶給她們相對平靜但餘味更久遠的魅力，和這種人在一起，妳可以享受到人生中最本質的那種如冬日陽光一樣的溫暖，還有輕鬆、優雅、明智、舒暢，和她們相處，能獲得透著靈動的希望和力量。

　　知性女人的特質，展現了自愛女性應有的形象：有知識，有品味，更有只屬於女性的情懷和美麗。

　　知性女人可以沒有羞花閉月、沉魚落雁的容貌，但一定要有優雅的舉止和精緻的生活，知性女人可以沒有魔鬼般的身材、輕盈的體態，但她重視健康、珍愛生命，知性女人興趣廣泛，精力充沛，保留著旺盛的求知欲，在瞬息萬變的現代社會中，她們總是出現在變化的前沿。知性女人有理性，也有更多的浪漫氣質，春天裡的一縷清風，書本上的幾個精美詞句，都會給她帶來滿懷的溫柔，知性女人經歷過各種人生的風雨，因而懂得包容與期待。

　　知性女人內在的氣質應該還是靈性與彈性的統一。

　　靈性是心靈的理解力，有靈性的女人天生慧質，善解人意，能領悟事物的真諦。她貌似極其單純，卻在單純中有驚

第五章　自愛的內核是氣質

人的深刻見解。

　　靈性是她們的智慧展現，也是和身體相融合的精神，是盪漾在意識與無意識間的直覺，是包含著深刻理念的感性，有靈性的女人以她的那種深刻的單純令人體會到無限的韻味與魅力。

　　彈性則是性格的張力，有彈性的女人，性格柔韌，收放自如；她善於妥協，也善於在妥協中巧妙地堅持；她從不固執己見，但自有主見。

　　都說男性的特點是力，女性的特點是美。其實，力也是知性女人的特點，區別只在於：男性的力往往表現為剛強，女性的力往往表現為柔韌。彈性就是女性的力，是化作溫柔的力量。有彈性的女人既溫柔，又灑脫，使人感到輕鬆和愉悅。

　　靈性與彈性的結合，表明知性的女性智慧具有一種大氣，而非平庸的小聰明，因為知性女人是具有大家風範的。

　　一個真正擁有「知性」的女人，不僅能吸引男人，也同樣能吸引其他女人。因為，她身上既有人格的魅力，又有女性的吸引力，更有知性的特殊影響力。

　　知性女人能夠無視年齡對自己容貌的侵蝕，她像一杯慢慢品味的清茶，散發著感性的魅力。知性女人同樣會關注時尚，打扮得體，氣質優雅；知性女人內心也能浪漫，卻又強調個性，對世界充滿愛。

▌淡雅宜人的知識女性

　　飽讀詩書的女人才會有飽滿的神態、深邃的柔美，才能千嬌百媚、楚楚動人，因為內涵和修養是根是源，輝映在外的是氣質優雅。有豐厚的知識底蘊為依託的美，美得自然大方，美得恆遠長久；這種美不受年齡的限制，沒有民族的區分。

　　能夠長期靜心讀書的女人，如出塵的幽蘭，一顰一笑自有一股淡雅宜人的書香氣息，這樣的女人，當然可以被稱為自愛的女人。曾經有一個與女人有關的話題——「什麼能使女人更美麗」，不少人選擇了「讀書能讓女人更美麗」這一選項。

　　成為一個美麗、健康、時尚而智慧的女人，幾乎是每一個女性渴望的目標，而知識是帶領人類從愚昧走向文明的捷徑，是改變一個人命運的最有效的武器之一，讀書的女人是智慧的，正如一位女作家所說：「清風朗水滴不穿，一年幾年一輩子讀下去，書就像微波，從內到外震動著我們的心，徐徐加熱，精神分子的結構就改變了，成熟了，書的功效就凸顯了。」一個女人的氣質、智慧還有修養，都是和大量閱讀分不開的，因此不斷精進的女人才能成為美麗的女人。

　　不管這社會對待知識的看法如何發展，總還有一些人和書籍有著割不斷的緣分，她們能拒絕燈紅酒綠的誘惑，把讀書作

第五章　自愛的內核是氣質

為改變命運最重要的關鍵，她們善於在進取中體驗求知的樂趣，用知識塑造心靈，培養氣質，發展技能，讀書對於她們既是社會發展的要求，更是基於提升自身價值的自覺選擇。如果說不愛學習的女人只是清晨的露珠，雖晶瑩卻只能短暫展現；那讀書的女人就是天上的星星，明亮中多了一份深邃，要想做一個有主見、有內涵的知識女性，讀書仍然是必經之路，而且是讀書越多路越寬。

從書頁中走出來的女人，她的美麗和一般的女人會有所不同，她從唐詩宋詞中走來，靈秀的眉眼間便多了幾許的古韻輕愁；她從曹雪芹的大觀園走來，細碎的腳步聲踏出痴男怨女的悲歡離合；她從徐志摩的浪漫中走來，似一朵水蓮花亭亭地綻放著萬種風情，她帶著一絲淡淡的書頁的餘香，在和妳擦肩而過的剎那間，讓妳忍不住回首，她的香不是出自香水，而是春天草叢中一抹雨後的清香，是冬日梅枝間一縷浮動的暗香。

從她的眼眸裡可以看到小溪的清澈、天空的透明，從她的聲音裡可以聽到百鳥的吟唱、浪花的歡笑。她不一定有嬌好的容貌、曼妙的身材，但她總是舉止嫻雅，衣著得體。她不一定擁有伶俐的口齒、咄咄的氣勢，但她總是口吐蓮花，字字珠璣。

她可以是春天爛漫的山花，在枝頭綻放火熱的熱情，也

可以是秋陽下一朵素雅的雛菊，悠閒地在秋風中來回張望。她是一杯濃淡相宜的綠茶，要用純淨的水才能將她柔嫩的葉片舒展。她是一杯釀香的紅葡萄酒，要細細地品味，才可以感受她質地的純正。她是飄落在深谷裡的幽遠的鈴聲，是銀色月光下隱約的漁歌，她是炎熱驕陽下一片清涼的綠蔭，也是熠熠星光下等待歸航的港灣。

書，給了她明淨如藍天的心靈，給了她寬闊如大海般的情懷。她從書的這一頁開始，款款地又走向書的那一頁。

讀書會讓一個人變得明智，懂得道理，讓人富有內涵，它會使人在世事煩亂中知道什麼是自尊、自立和自愛；它還能使人對任何事情都會透過它的表面現象看透它的本質，知道什麼是寬忍和禮讓，知道什麼是美醜善惡，懂得人生的真諦，看透社會的真理與糟粕。自古道：站得高才能看得遠。只有站在一定的高度，才能看清人世間的真正一切。如果沒有到達山的頂峰，只是站在山腳下，又怎麼可能知道山頂的風景呢！

因此，女人如果要想變得讓人耐讀，就必須得帶點裡書香，帶點裡書香的女人就像一枝迎風招展的鮮花，無論長在爭奇鬥豔的百花園裡，還是散落在鄉間田原，它都可以綻放出一股誘人的花香，或清新或奇豔，或素雅或濃烈，它總給人夢魂纏繞的感覺，讓人素手留香，過目不忘。

第五章　自愛的內核是氣質

　　成為帶書香的女人，「和書籍生活在一起，永遠不會嘆息」，羅蘭這樣開導女人。有空請多讀些書，等到歲月開始在妳的眼前鍥下印跡，妳已是一個帶書香的女人，書香女人是最優雅的，她們的美麗蘊含著深度風韻，而不僅僅流露于表象和姿態。她們年輕依舊的心在都市流動的喧囂中，悠然地提煉著寧靜，氣質和風度中自有超凡脫俗的洗練。正如達文西筆下的〈蒙娜麗莎〉，眉宇間天生蘊含著安詳和典，靜中的她們同時也是生機勃勃絢麗多彩的。

▌切莫把傲氣當自愛

　　「人不可有傲氣，但不能沒有傲骨。」聰明的自愛女人身上散發著成熟與溫婉的氣韻，身上更有高潔的傲骨，傲骨僅僅是某些人才能擁有的東西，是內在的，更多的是血液裡流動的尊嚴，有傲骨的人貴在他們有完整的世界觀。

　　傲骨是內涵修養的呈現，它不會仰附於人，也不蔑視別人，內涵深沉，總是兼收並蓄，完善自我，具有完美人格的力量，無論身處什麼樣的環境都是一身正氣。傲骨是美德，它最鄙視奴顏屈膝，一身傲骨的人不會喪失原則和立場。有傲骨的人更看重自己內心的份量，永遠保持內心的平等和尊嚴，這樣的人骨子裡都有深深的自信和堅強，而且安於平淡，少有欲望，做事從容，怡然自得，堅守貞操，自尊獨

立，馳騁閒放，有著不為五鬥米折腰的心志。

傲骨和傲氣不同，本質上是兩回事。傲氣是缺乏內在素養，卻有浮華的表現。有傲氣的人夜郎自大，目空一切，狂妄不羈，傲慢無理。有傲骨的人不會這樣，他欣賞梅花的性格，不和群芳爭豔，每到百花凋謝，嚴寒刺骨雪花飄落的冬季，嫵媚脫俗的梅花便悄然開放在山坡間，笑傲冰雪，不懼天寒地凍，不畏冰襲雪侵，不懼霜刀風劍，不屈不撓，昂首怒放，獨具風采！冰肌玉骨的梅開百花之先，獨天下而春，愈是寒冷，愈是風欺雪壓，花開得愈美。二十四番花信之首的梅花，疏影清雅，花色美秀，「萬花敢向雪中出，一樹獨先天下春。」之所以被譽為花魁，正是鐵骨冰心，凌寒留香的傲骨寫照。

如果妳對於傲骨和傲氣還是無法明確區分，請看下面這則故事——

傲氣和傲骨是兄弟，乍看似乎難分伯仲，事實上傲骨是大哥，傲氣是小弟。

傲氣喜歡穿一身的白：春夏秋冬，無論何時何地，傲氣的白向來是一塵不染。傲骨也喜歡白色，不過他對衣服沒有過高的要求：顏色無所謂，合身就好。

有一次，一個俗人來請傲家兄弟吃飯，傲氣不喜歡那個人，認為他太俗，一口回絕了。俗人訕訕，覺得很沒面子。傲

第五章　自愛的內核是氣質

骨也不喜歡那人，卻接受邀請。席間，俗人自然要說些很俗的話，傲骨始終面帶微笑地聽著，偶爾插句，接著俗的話題，意境都頗高遠。俗人好像有所感悟，高興得不得了。

　　傲氣從事的工作，他把它叫「藝術」，若有人問起，他總是侃侃而談，傲氣從未拿過鋤頭，傲骨的手用來拿筆 —— 從事寫作，不拿筆的時候，它們就拿鋤頭 —— 傲骨種花，也種菜，傲骨把他的工作通通稱為「耕地」，他說：「精神也是一種園地。」

　　傲氣有時覺得傲骨不像是傲家的。

　　傲骨有上司，年終的時候，上司命令傲骨將業績寫誇大一點，傲骨不肯；上司百般威脅利誘，傲骨還是不依。於是，傲骨的年終獎金沒有了。傲骨只是淡淡一笑，上司又派別人寫，傲骨知道後寫信檢舉，上司大怒，傲骨的飯碗終於被敲掉了，傲骨仍是淡淡一笑。

　　傲氣知道了這件事，自然是舉雙手支持大哥，但他實在搞不懂，大哥的「骨」什麼時候「傲」，什麼時候又「不傲」？

　　事實上，傲骨一直是那麼傲，他和傲氣不同的是：傲氣傲在氣勢上，難免有點浮；傲骨傲在骨子裡，更傲、卻更沉穩、成熟。所以傲氣永遠是小弟，而傲骨永遠是大哥，永遠更成熟動人。

　　—— 以上就是傲氣和傲骨的故事。相信聰明的讀者能夠從中悟出了什麼。

第六章　有一種自愛叫拒絕

　　人的力量、價值與尊嚴，很多時候都來自於說一個「不」字。只有善於拒絕自己不想要的，才能更容易得到自己想要的。因此善於拒絕的人，才能領會自愛的含義。

　　女人的拒絕展現了堅韌的美好力量。百依百順的女人，容易被人支配了人生，不會拒絕，不善說不，是這種女人成為悲劇主角的緣由。

　　因此，有種自愛叫拒絕。女人都應該修成這樣的自愛，才能活出精彩的人生。

第六章　有一種自愛叫拒絕

▌自愛是藝術的拒絕

　　我們害怕拒絕別人，也害怕被別人拒絕，心地善良的我們總是在選擇拒絕與被拒絕之間徘徊，因為我們都不想傷害彼此。然而，有時候不會拒絕，會讓我們更難以面對現實，可能造成不想得到的後果，學會拒絕別人不合理的要求，是一門藝術，藝術需要我們不斷的累積才能熟練運用，擁有它才會讓我們的生活更加輕鬆快樂。

　　自愛地拒絕是美德。學會藝術地拒絕是為了不想讓太多的人受傷害，是對自己和他人的負責，更是對友情本身的負責。單純拒絕的人只是任性，是對自己感情的放縱，對自己和別人的放縱。放縱總會產生誤解，誤解滋生傷害，傷害釀造悲劇，悲劇會毀滅人生。

　　藝術地拒絕是能力，擁有了這種能力，能讓我們懂得如何選擇如何擁有自己想要得到的幸福，學會這種能力，需要我們在生活的過程中慢慢培養，讓我們對人對事天天都有幸福的笑臉。

　　藝術地拒絕是意識，靈魂產生意識，意識豐富著靈魂。我們每個人都在意識的指導下過著自己的生活，走著自己的人生路，沒有意識的民族是危險的，沒有意識的人是空虛的，把藝術地拒絕也當作是自己為人處世的意識，用這樣的意識武裝自己的靈魂，就會得到更多的心裡平靜。

自愛是藝術的拒絕

藝術地拒絕是資本，人活著就是在不斷地創造和累積著資本。沒有資本不可能實現自我價值，物質資本不可少，精神資本更為重要，學會拒絕讓我們果斷地處事，果斷地走著自己的路。學會拒絕讓我們更加幸福。

如果妳在和自己不是很愛的人談戀愛，又遇到了另外一個表白者，而且已經認定他就是妳一生要找的人。那麼就不要害怕抉擇，也不要害怕拒絕會帶來什麼後果，那些理由只是妳的感性·妳的善良讓妳難以開口，真正相愛的人很難找，一旦找到了就不要輕易放過，有些人妳一旦錯過就很難再遇到。如果妳沒有足夠的把握答應朋友完成一件事情，就不要輕易地承諾。如果妳答應了沒有辦到，原本很好的友誼也會因此變淡。如果妳有一個很幸福的家庭，又有一份妳夢寐以求的但要遠離家人的事業等著妳，妳又該怎樣在家和事業之間選擇嗎？選擇了事業就必須暫離家庭，選擇了家庭妳必須要拒絕事業。工作可以再找，事業也可以重新開始，但家的幸福很難再尋覓，不要強迫自己面面俱到，這種所謂的「好人」會讓妳在某種程度上成為壞人，為自己和別人帶來最深的傷害。

藝術地拒絕是美德，拒絕講究方法，拒絕別人要讓別人很高興地接受被拒絕，這樣的拒絕才是有效的拒絕，真正的拒絕。否則只能適得其反。拒絕要講究場合和人群，對不同場合、不同性格的人要有不同的拒絕方式，如果按自己的感

131

覺隨便拒絕，就不是溫柔的拒絕，拒絕還要講究時間和時機，不看時機的拒絕會讓好心變成壞心，好事成為壞事。

　　古人云：魚和熊掌不可兼得。要想吃魚就必須拒絕熊掌的誘惑，要想吃熊掌就必須拒絕魚的美味。人生很多時候也不可能兩全，只能靠我們自己的選擇，有選擇就注定要有拒絕，所以說，拒絕有時是美德，會讓我們生活過得更加幸福，行走得更加瀟灑！

▌對無聊的事情要勇於說 No

　　某當紅暢銷網路作家曾在書裡寫過這樣的話：「如果此刻有男人對我伸出雙手，如果他的雙手是溫暖的，那麼他是誰對我來說已經不再重要。」這句話得到了很多女生的認同 —— 寂寞已經成為流行的通病，在人群中傳染開來，大抵沾上這種病的人，都迫不及待地想要尋找另一個人打發無聊的寂寞。容易感到寂寞，也就應覺得越來越無聊，如此惡性循環，漸漸失去自己的原則，直到最好的青春快過完了，才恍然發覺自己所做的有意義的事情太少，而自己的青春容顏已經日趨變老。

　　記得法國文學大師瑪格麗特‧莒哈絲（Marguerite Duras）的小說《情人》（*The Lover*）是這樣開頭：我已經老了，有一天，在一處公共場所的大廳裡，有一個男人向我走來。他

主動介紹自己，他對我說：我認識妳，永遠記得妳。那時候，妳還很年輕，人人都說妳美，現在，我是特地來告訴妳，對我來說，我覺得現在妳比年輕的時候更美。那時妳是年輕女人，與妳那時的面貌相比，我更愛妳現在備受摧殘的面容。

這個開頭一直以來都備受讀者的讚譽，而其中那句精典的「與妳那時的面貌相比，我更愛妳現在備受摧殘的面容」，現實中，這樣的男人大概是不存在的。

有首歌裡這樣唱道：「多少人曾愛慕妳年輕時的容顏，可知誰能承受歲月無情的變遷。」

有人說女人，20 歲像橄欖球，是幾個人爭著搶妳；30 歲像個籃球，爭到了就把妳投了；40 歲像個乒乓球，兩個人推來推去；50 歲像排球，打到一個算一個；60 歲像高爾夫，打得越遠越好。

青春對女人來說是短暫的，18 ～ 25 歲對女孩的一生來是最美麗也是最關鍵的時期。女孩一過 25 歲，緊迫感就會來到，結婚、生子、育兒就會成為女人難以避免的瑣事，幾乎沒有時間精進自己，女孩要珍惜自己的青春，不要浪費這段人生的關鍵時光。

所以，女孩們，都要好好珍惜自己的青春年華，堅決對無聊的事情說：NO！

第六章　有一種自愛叫拒絕

　　大學時就有這樣一個室友：她無論相貌、身材、還是氣質都屬上乘，身後自然就跟了一大批追求者，時不時有男生請她吃飯看電影，而她卻很少應約，只是經常去圖書館看書。有人不解，問起她為什麼不試著讓自己的生活更豐富一些，她則說：「如果只是為了打發無聊而赴約，那麼赴約就成了一件相當無聊的事情。與其無聊地將時間浪費掉，不如多看些書提高自我修養。」

　　真的，女孩們，在妳們青春最美麗的階段，一定要有對無聊的事情說「NO」的勇氣，還是利用有限的青春打造自己無限的魅力 —— 學習更多的知識，增加自己的內涵吧。當妳的內涵增加，氣質改變時，恐怕請妳吃飯，想和妳約會的男人得排成很長一隊。

▌交際中，學會適當的拒絕

　　今天與我一個要好的同學聊天時，她向我訴說了她的困惑與苦惱。她是一個性格比較內向的人，是好說話的人。她對別人提出的特殊事情，總是不知道該怎樣拒絕，明知道是自己吃虧了，也不願意說出來，寧願自己吃虧，也不願意得罪別人，優柔寡斷、猶豫不決是她最大的弱點，她覺得自己是個沒有主見的人，想改變自己卻又不知如何來改變，常常陷在這樣的苦惱之中。

　　對於這個問題，一時我也不知該如何安慰她，因為我發現我自己有時也會這樣，只要別人向我提出要求，我就會想方設法地幫忙，哪怕是件很困難的事，我都會盡自己最大的努力。常常會站在別人的角度為他人考慮，卻很少考慮自己這樣做是否值得，有時明知自己吃不消，還是咬著牙做了，最終只能對自己發發牢騷。

　　其實學會如何拒絕別人我又何嘗不知！也許這與人的個性有關，一個人的個性真的是很難改變的。我也知道應該在適當的時候學會拒絕，對於我們女人來說，人生最大的教訓之一就是要懂得如何拒絕。當然，這要看是什麼事，並不是所有的事情都應該拒絕。對於花很長時間並不太重要的事情，只能讓人忙於雞毛蒜皮的事，還不如什麼都不做。平時要真正做到小心謹慎，莫管他人閒事還不夠，妳還得防止別人來管妳的閒事，不要對別人有太強的歸責任感，否則會弄得妳自己都不屬於妳自己了。

　　當然，拒絕也要有原則，這就是要在別人不會誤解自己正確意思的情況下，盡量少用生硬的否定詞，把話說得委婉一點，因為委婉並不是虛偽。在非原則性問題上，能夠使對方能聽得出弦外之音。彼此和和氣氣，豈不是更好呢？做人不要濫用友誼，也不要向朋友索要他們不想給的東西。過猶不及皆是害，和任何人打交道差不多都是如此。只要妳能夠

做到適度和節制，妳就能得到他人的青睞與尊重。

學會拒絕就如同學會溝通一樣，也是一門交際藝術，語言是交流的工具，它千變萬化，要想輕車熟路地駕馭它，的確需要技巧，做人一定要有真誠與熱情，但也需要把握好一個分寸。一味地忙於別人雞毛蒜皮的瑣碎事而誤了自己的正事就划不來了，不要因為不敢拒絕而糟蹋了自己的高雅情操，擁有了自愛的寶貴品格，將使妳一生受益無窮。

很多人被迫同意自己不願做的請求，寧願竭盡全力做事，也不願開口拒絕，哪怕是自己根本沒有能力完成，其實學會委婉的拒絕才是真正的自愛，自愛的女人同樣可以贏得周圍人對自己的尊敬。

那為什麼我們有時候會答應呢？這可能是因為我們相信，拒絕表示漠不關心，甚至是自私，而我們那樣做了，可能令別人傷心。

此外，這可能是害怕被別人討厭的緣故。

有趣的是，拒絕的能力總是與自信有關，缺乏自信和自尊的人常常為拒絕別人而感到不安，而且有覺得別人的需求比自己的更重要的傾向。

或許性格柔弱的人更具有這樣傾向，尤其是戀愛中的女孩，很容易落入不是接受對方難堪的要求，就是就得分手的兩難「陷阱」，童年的影響是關鍵，如果從小就有「我只有

順從和幫助別人，才能變得可愛」的想法，長大很難轉變。
如果妳覺得妳已經成為習慣「取悅別人」的人，妳就會變得
必須依靠為別人做事才能實現自我價值，如此惡性循環，使
得妳身邊的人都希望妳隨時隨地在他們身邊，為他們服務。

　　因為不會拒絕讓妳感到疲憊，感到壓迫和煩躁，不要等
到妳的能量耗盡時，才採取行動。

　　自愛地拒絕技巧：

◇ **保持簡單回應**：如果妳要拒絕，就堅決而直接地表示。
可以使用短語，如：「感謝妳看得起我，但現在不方便」
或「對不起，我無法幫忙」。也可以嘗試用妳的身體語
言強調說不，不需過分道歉，記住，妳不需得到別人允
許才能拒絕。

◇ **給自己一些時間**：打破說「是」的怪圈，使用這類短
語，如「我會回到你的身邊」，然後讓對方考慮妳的選
擇。妳給自己時間考慮，就會更有信心地表示拒絕。

◇ **考慮妥協方案**：如果妳要同意別人的某項請求，才採取
這方法，但只用有限的時間或能力做，如果妳真的想拒
絕的話，請避免妥協。

◇ **區分拒絕與排斥**：拒絕他的請求，而不是排斥他這個
人。通常人們都會明白，妳有拒絕的權利，就像是他們
請求妳的幫助一樣。

第六章　有一種自愛叫拒絕

- ✧ **不要為拒絕妳的孩子而感到愧疚**：他們有時被拒絕對他們的成長是很重要的，讓他們自己做事培養理解力。這在教育小孩是不可缺少的正確做法。不是不讓他們抗議，而是讓他們知道誰是負責設定界限。

- ✧ **做一回妳自己**：要明確地知道什麼是妳真正想要的。更好地認識自己，找出什麼是妳在生活中必需的。有了更大的目標，學會自愛地拒絕就不難了。

▌必要時，要巧妙地拒絕朋友

西塞羅（Marcus Tullius Cicero）說，維持友情必須遵守以下這些規則：不做可恥之事，即使有人請求也不行。

在日常的人際交往中，熱情地幫助別人，在量力而行的前提下，對別人的困難有求必應，那是我們應該做的，如果遇到做不到的事情，就要學會拒絕。如果直截了當地說「不」，會使尋求幫助的人感到失望和尷尬，而一個合乎對方期望的回答，即使是拒絕，也能讓對方很容易地接受，這就是自愛女人常用的巧妙拒絕的方法。

首先，巧妙地利用「第三者」來轉達當面難以拒絕的事情，這種方法通常用於當別人有求於妳，而妳又不好當面拒絕時，這時就可以利用第三方作為「仲介」，巧妙地轉達妳的拒絕。比如有一位朋友邀請妳參加他的生日宴會，妳原本

已經答應了，可是在宴會上偏偏有個妳非常不想見到的人，妳很想拒絕參加宴會，又擔心朋友會不高興，這時妳可以找個共同的朋友，請他帶上妳原本要送的禮物，向對方表示妳無法參加宴會的歉意。

又比如，當妳對朋友的要求感到力不從心或者不樂意接受的時候，妳可以另指出路來解決妳的尷尬。比如妳的一個朋友數學成績不好，希望在考試的時候得到妳的幫助，妳知道這是種不正確的行為，但如果直接拒絕，很可能傷害到對方的自尊。妳就可以這樣說：「如果這次我『幫』了妳，老師可能會懷疑你的成績，不如考試前我幫你複習重點吧。」那麼對方就會覺得妳還是關心他的，也就不會生氣了。

李麗當上某銀行人事處處長後，就忙了起來，很多人都登門來求她幫忙，讓她很頭痛，有一天，又有人來到李麗家，這次來的人正好還是她的老同學，老同學開門見山地說：「我兒子大學畢業一年了，工作一直不順心，想換工作，所以來找老朋友想想辦法。」李麗問：「他是什麼科系畢業？」老同學把兒子的資料遞給李麗，看過資料後，李麗知道自己幫不了，因為不僅科系不符，這個孩子的外語能力也不行，這不符合銀行的要求。但是李麗也很清楚，不能直接拒絕，否則就太不給老同學面子了。「真是不巧，我們最近沒有應徵人的計畫，不過妳別擔心，我認識一個朋友，他那

第六章　有一種自愛叫拒絕

裡似乎在徵人。」說完，李麗把朋友的聯絡方式抄了一份交給老同學，雖然沒有結果，但那個老同學還是很感謝李麗。

對於朋友要求妳做妳不想做的事，還可以採取答非所問的方式，巧妙地利用暗示的方法讓對方知道，妳對他提出的意見不感興趣，他就會知趣而退。比如，妳這個週末與某個朋友在一起玩，他希望妳下個週末還陪他出去，而妳則另有自己的安排，不如就說：

「今天時間不早了，週末玩得太累會影響工作的，我覺得我們應該回去休息了。」這樣說，等於就給對方一個暗示，妳並不打算在週末的時候和他一起出去，對方也就明白妳話裡的拒絕意思了。小楠在相親派對上認識了一個男士，開始兩人相處得還不錯，但很快，小楠就發覺兩人性格不合，打算找一些藉口斷絕和對方的往來。「下週末我們還去郊外釣魚怎麼樣？」臨分別時，那個男士又邀請小楠。「下周我們一直都要加班，週末也是。」「那就再下周了。」「那就再說吧，最近總是在週末出去玩，我週一上班都沒什麼精神，我要回去休息了。」說著，小楠還適時打了一個「哈欠」。對方馬上意識到了小楠的意思，從那天起就幾乎不和小楠聯絡了。

找一個合理的藉口，推掉妳不想做的事，即使這個藉口是帶有欺騙的成分，只要不會傷害到對方，也是可取的辦法。比如妳的朋友請妳吃飯，在席間要求妳幫他做事，妳知

道自己做不到，可是畢竟又吃了這頓飯，等於欠了對方的人情。「真不好意思，我認識的人已經調職了，恐怕幫不了妳。」這樣，對方既知道妳的拒絕，又不會覺得沒面子。

　　直接的拒絕既然可能傷害對方，有時不如採取拖延時間的方式，讓對方自己感覺到妳的拒絕，這樣的辦法好於直接地拒絕。比如有朋友說：「明天來我家吧。」可是妳不想去，如果直接說：「我沒空，不想去。」不如說：「明天不行，再說吧。」的效果更好。交友忠告：回想一下妳拒絕別人的時候有沒有傷害到別人！當然，不管有沒有，以後妳都可以按照將心比心的方式想一下，這樣妳就學會了如何拒絕別人，這不僅能讓妳的人緣變得更好，還能顯示妳的修養，這是作為自愛女性必須具有的品德。

▌職場中要學會的拒絕禮儀

　　職場中，每個人都會有難以啟齒的苦惱。但是當我們面對痛苦時，更多的是選擇掩飾、逃避、甚至選擇了忍受。似乎在這個時候誰都想不到拒絕，因為要強的自尊心和面子已經完全遮蓋了「拒絕」，使得我們似乎既不敢拒絕，也不會拒絕。

　　生活中，因「不懂拒絕」而滿處訴苦的職場人士數不勝數。一位叫「麵包」的網友就是這樣表達出自己的不滿：平

第六章　有一種自愛叫拒絕

時自己的工作已經很忙，可是只要有同事一叫自己幫忙做事時，就管不住自己的嘴巴，想都不想就一口答應了。可有時，拖到自己的工作還要熬夜才能做完，真不知道為什麼不懂拒絕。在一家廣告公司工作的黃小姐也表示，在同一辦公室的同事，總讓她幫忙做事，有時甚至連一句謝謝都沒有，似乎這一切都是應該的。想想這也是為幫助同事，就不該怕苦怕累，但自己工作繁忙又疲於應付，很多時候都是不開心地「幫忙」，心情真是鬱悶。每到考核業績的時候，自己辛苦的付出與收獲卻不成比例，但想想還是應該關注自身的工作，不要計較太多。一個偶然的機會，她得知自己幫忙的同事的薪水竟是自己的兩倍以上，可是大家所做的事情卻相差不大，頓時做什麼事情都沒有了熱情和動力，但是又怕拒絕會破壞與同事間的感情，有時即使心裡想拒絕但是最後還是無奈地答應了。

其實在很多時候，因為害怕傷害與別人的交情，寧願硬著頭皮答應也不敢將拒絕兩字說出口，雖然那是在傷害自己。自愛的女性都是那些勇於拒絕的人，關鍵在於她們拒絕的方式。在一家物流公司上班的小李也遇到過類似的問題，不過小李表示，在拒絕這方面她是講究拒絕方式的，一般她都會微笑著委婉地拒絕同事，並告訴同事自己確實也有很多事情需要處理。

　　工作多年的李女士則表示，在職場中學會拒絕也是自衛、自尊與沉穩的呈現，同時也是豁達與明智。學會拒絕，才會活得真實明白。她表示，不僅要勇於拒絕，還也要善於拒絕，既要能夠拒絕別人，又不能讓對方太尷尬和難堪。一旦確定要拒絕對方，心意就要堅決，但拒絕的方法不要過於直接。

　　在市場工作的小新也表示，同事之間相處就應該平等，更不會因為今天我幫助了妳，妳就一定得記得我曾經幫助過妳。不過有些事情是在所難免的，因此在想辦法拒絕的時候，說話就一定要講究分寸和技巧，不要說那些太過僵硬的話。最好表現出讓自己吃一些虧，說些讓同事能有臺階下的話語。這樣不但可以成功脫身，而且也不會破壞與同事的關係。拒絕可以說得很堅決，但拒絕的理由也得很真誠。拒絕不等於無情無義，更不是一意孤行，而是一種人格與個性的完美結合。

　　拒絕，就是不接受對方的提議。既然是對別人意願或行為的間接的否定，那麼就應該考慮不要把話說絕，應該給別人臺階下。

　　拒絕應當機立斷，不要含糊，態度曖昧。既然別人求助於自己，而這個忙自己又不能幫時，就該當場明說。如果當時拍了胸脯，此後卻一拖再拖，東躲西藏，最後才說沒辦

第六章　有一種自愛叫拒絕

法。這種失信的做法和騙人又有什麼差別呢？

　　從語言技巧上說，拒絕有直接拒絕、婉言拒絕、沉默拒絕、迴避拒絕等多種方式。如果想做一個會婉拒別人的自愛女性，就應該多學會婉拒的方式。

　　直接拒絕，就是把拒絕的意思當場明講。這個方法最重要的是應該避免態度生硬，說話難聽。在一般情況下，直接拒絕別人，需要把拒絕的原因講明白。可能的話，還可以向對方表達自己的謝意，表示自己對其好意心領神會，藉以表明自己通情達理。

　　有人對拒絕的藉口不屑一顧，那實在是不夠理智。如果是對方在公務中送了妳現金作為禮品，按規定不能接受，但總不能不近人情地質問對方「用心何在」。不妨採用婉轉的語氣來拒絕餽贈，比如可以說：「謝謝您，實在感謝您的美意，但我們有規定，不允許接受別人贈送的禮金。實在對不起了，您的錢我不能收。」這樣對方就不好強人所難了。

　　婉言拒絕，就是用溫和曲折的語言來表達拒絕。和直接拒絕相比，它更容易被接受，因為它在更大程度上，顧全了被拒絕者的尊嚴。

　　沉默拒絕，就是在面對難以回答的問題時，暫時中止「發言」，一言不發。當他人的問題很棘手甚至具有挑釁、侮辱的意味，不妨以靜制動，一言不發，靜觀其變。這種不說「不」

字的拒絕，所表達出的無可奉告之意，常常會產生極強的心理上的威懾力，真正是具有「沉默是金」的作用。

沉默拒絕法雖然效果明顯，但如果運用不當也難免會「傷人」。所以，還可以嘗試避而不答、「顧左右而言他」的方法，也就是「迴避拒絕法」。

迴避拒絕，就是避實就虛，對對方不說「是」，也不說「否」，只是擱置下來，轉而議論其他事情。遇上別人過分的要求或難答的問題時，就可以使用這個方法。

▌拒絕會讓男人更加迷戀妳

一般來說，男女在初次見面之後，如果女人願意與這個男人建立男女朋友的關係，甚至幻想在彼此之間展開一段美妙的愛情，那女人如何把握住節奏將是決定這段戀情是否能夠如女人所願的重要條件，女人不能「心太軟」，更不能有求必應，因此，女人應該學會巧妙地拒絕男人，這樣不僅能增添女人自愛的神祕，更增加了女人在男人心目中的份量，也激發了男人迫切需要擁有女人的欲望，這樣女人完全就可以在男人小心呵護、寵愛有加中享受愛情的甜蜜了。

如果有了很成功的第一次約會，彼此感覺又甚好，互留了電話。第二天，女人剛剛打開手機，就迫不及待地跳出數條訊息，一看傳訊時間，大多是凌晨時分，想必這個男人一

第六章　有一種自愛叫拒絕

夜都沒睡安穩。訊息的內容大同小異，男人會說，妳好！很高興認識妳，今晚能出來一起吃頓飯嗎？下班後我到妳們公司來接妳云云。

儘管女人看到這樣的訊息欣喜若狂，但自愛告訴妳，不能輕易地答應男人的邀請，千萬不能在電話裡直接回答，女人要防止自己的語氣暴露內心的真實想法。女人可以回覆說：「我很好，謝謝關心，我也願意接受邀請，可我今晚有事，我們再約吧！」

男人一旦喜歡上一個女人就渴望立即與這個女人建立關係，他通常不會考慮女人的感受，因此，自愛的拒絕很有必要。這樣做一是把男女交往的主動權掌握在自己手中，二也是要讓男人情緒有稍許的煎熬。但女人的回覆不能簡單到「沒時間」、「我有事」等，要鼓勵男人繼續追求自己，就要為自己留有餘地。

有了第一次見面之後，女人很長一段時間沒有接到男人的電話或者訊息，忽然有一天，男人打來電話，聲音很嘈雜，男人在電話裡邀請女人出來喝酒或者唱歌，儘管這時巴不得立即見到這個男人，但女人也要明知故問：請問你是哪一位？

這樣回答一是為了警告男人過這麼久才打來，女人早就把這個男人忘了；當男人自報家門後，女人要告訴男人，對

不起，我準備休息了，有什麼事情改天說好麼？不要讓男人覺得女人是有求必應的人，招之即來，揮之即去，男人這麼長的時間沒想到妳，就應該讓男人嘗嘗碰壁的感受。有些男人很自以為是，認為自己就是女人心中的都想約會的對象。

如果男女有了第一次約會，並且儼然成了相識已久的戀人的話，之後男人在某個深夜傳訊息或打電話給女人，男人希望能在今晚與女人有進一步的深入交往，這時候，女人必須要嚴詞拒絕，不要讓男人覺得妳是個輕浮的女人。如果女人答應了男人的要求，那妳們之間發展成性普通朋友的可能性很大，甚至就是一夜情。那就不是戀愛了，是什麼妳自己知道。

女人如何拒絕？那就是什麼也不說，直接掛掉電話。但女人又不願意委屈了自己，可以在第二天主動打電話給男人，以「質問」的口吻說：「你不知道昨晚都幾點了嗎？」女人要警惕男人深夜打來的電話邀請，這些通常都是欲望的魔鬼在召喚，充滿情慾和放蕩的暗示！

當男人打電話約妳見他的上司、朋友甚至親人，如果男人僅給 5 分鐘的準備時間，而不是一週或者 5 個小時，女人可以告訴男人，不必了！現在正有事，哪怕妳無聊到正在看電視購物廣告。

如果一個男人真的重視一個女人，想與上司、朋友或者

家人見面這樣的重要約會，至少會要提前幾個小時就通知妳，更不可能透過訊息這樣隨便的方式通知妳。男人如果採取這樣的方式，那不僅僅是缺乏教養的表現，更是沒把女人放在心上。當然，如果一個男人臨時取消約會，僅對妳說了聲下次再約，而取消的理由不是發生無可避免的天災人禍，對待這樣的男人，女人可以採取和前者一樣的處理方式──不必再見我了。

▌學會拒絕「巧克力」戀愛

「妳無法拒絕巧克力，就像妳無法拒絕愛情」，美國一部電影裡漂亮的女主角驕傲地向全世界這樣宣稱。可如果妳只是因為寂寞，接受了一份貌似甜美的戀愛，這樣的戀愛會幸福嗎？

先甜後苦是「巧克力愛情」。

當妳餓了的時候，手中恰好有一塊巧克力，然後用巧克力暫緩妳的飢餓。這件事一開始絕對是樁美妙的事──胃不再難受，飢餓感似乎也消失得無影無蹤，所有的糖分和咖啡因為妳的神經系統帶來極度興奮的感覺。然而 30 分鐘以後，一切都改變了──尖屬的疼痛突然撕扯著妳的胃，妳的頭開始暈了，剛才所有的快感都化為烏有，那股不適甚至超過了妳最初的飢餓感。

其實巧克力本身並沒有什麼問題，只是在妳飢餓的時候沒有為自己補充必要的營養，反而依靠巧克力來解決一時之需，當然會在過後讓妳感覺更糟糕。生活就是要充滿活力，營養是必不可少的。妳可以把巧克力作為一種美味甜點，然而倘若單靠吃巧克力活著，那麼最終只會營養不良。

單身的時候，誰都想找一個適合的戀人來彌補心靈空虛。每當進入一段新的戀愛關係，都會有初嘗巧克力那樣感到興致高昂，自尊心也極度膨脹，甜蜜的安全感油然而生。

可是妳不要以為這愛情就是牢固不可破的。沒有營養的愛情很脆弱，脆弱得禁不起世人的眼光；禁不起花花世界的誘惑；也禁不起那些金錢與權力的侵害；更禁不起時間的考驗。

時間是個魔鬼，天長日久，如果妳是個多情的人，即使不愛對方，到時候也會產生感情，到最後妳怎麼辦？這樣的感情如同雞肋，嚼之無味，棄之可惜。

如果妳是一個追求刺激的人，這樣的戀愛更是禁不起任何的考驗的，這樣不堪一擊的愛，只會傷害自己。這種愛的對象，只能說是為空虛的自己多了個玩伴。瞬間就戀上了，閃電式的分手。拿感情來做遊戲的人，心裡只會更加寂寞。

愛情是真善美的象徵，人間的天籟之音，無法掙脫的神網，情不自禁的吸引。寂寞的人是脆弱的，看著那些戀愛中

的人，自然是心生羨慕，但是只有遇到了真正的情感上的依靠，這樣的愛才是健康長久的。

「愛」是承諾、責任，是信賴、依靠，在不安定時讓我們安定，並且在日常生活中有著無處不在的滲透。

愛其實很簡單，「愛」就如同一日三餐中的饅頭、米飯。何必接受那些風花雪月般的「巧克力愛情」。等遇到了值得我們好好愛的人，再談一場轟轟烈烈的愛不也是很好嗎？

▍學會拒絕花心男人的誘惑

當今社會，名牌包、鮮花別墅、深情款語，英俊瀟灑，以及別樣的傷情迷離，總是可以讓很多痴情的女人為之動情，為之趨之若鶩，為之陷入卻不能自拔的情感漩渦中，有的女人因此痛失曾經擁有的幸福快樂生活，有的人為之後悔莫及。女人要想把握自己的幸福人生，做一個快樂自主的自愛女人，就必須先學會如何應對當今社會上各種各樣花心男人的種種誘惑，懂得如何識別花心男人的真面目，並用理智聰慧應對自如，拒絕誘惑，才能更好地把握自己美麗的人生！

花心男人泛指那些對感情不專一，朝三暮四到處拈花惹草、尋花問柳、對家庭和社會不負責任的男人。這種男人往往最懂得俘獲單純女人的心，知道如何哄她們開心。他們的

目的不是要與妳天長地久，而是只要曾經佔有。感情對他們
來說，不過是掩飾他們放蕩行為的藉口，不管對什麼樣的女
人他們都不會負任何責任。

「五子登科」的男人最容易博得女人的歡心，他們聰明能
幹，事業有成，車子、妻子、房子、銀子、孩子都有了，便
不甘心於現有的家庭生活，想找一段婚外情來滿足自己的虛
榮心，放蕩自己的生活。他們一旦發現目標，就會利用自己
的各種優勢適時地在妳面前展示個人魅力和強大的經濟，並
且格外關注妳，不論他是妳的老闆上司還是同事，他總能讓
自己與眾不同的非凡能力讓妳傾心，他會時時留意妳在生活
和工作上的需要，細心殷勤地為妳無償地提供一切便利。不
知不覺中，妳就會對他產生情感和生活的依賴，漸漸地妳欠
了他一大堆人情債。他若向妳提出或暗示與妳保持曖昧關係
時，妳已難以抗拒。所以，若想保持妳的清白，最好從一開
始就拒絕他的物質誘惑，要知道天下沒有免費的午餐，除非
妳知道他是花心男人而且願意與他做交易。

另一種花心男人，既沒有香車寶馬，也沒有別墅和成功
的事業，但他有俊朗不凡的相貌和瀟灑優雅的舉止，永遠會
讓女人產生他是個非凡的英俊王子的第一印象，尤其是在生
活平靜如水，寂寞如雪時，而他的出現又與眾不同，無疑會
為自己帶來無法言喻的熱情與活力。妳突然會覺得，原來我

第六章　有一種自愛叫拒絕

的生活和愛情多麼平庸，真正的白馬王子現在才出現。面對他的溫柔體貼、憐香惜玉和情意綿綿及不斷的鮮花小禮物，妳很容易就昏昏然，忘了一切，即使知道他是個朝三暮四、用情不一的花花公子，也甘心被俘。

其實，當妳真的剛剛沉浸在他為妳編織的綺夢裡時，他一旦得到妳，逃跑的速度比說愛妳的速度還要快，他絕對不會和妳長久相處，他的目的是追求下一個目標。對待這種花心男人最好的辦法就是守住自己平淡而恬靜的生活，抵禦他的糖衣砲彈，遠離他的花言巧語，不被他虛偽的外貌所打動。

還有一種被稱為「花匠」的男人，往往是借與妳興趣相投為藉口接近妳，大方地與妳說做個知心朋友或紅顏知己。其實，男人和女人之間最難把握的就是異性之間的情感，它比愛情少一點，比友情又多了一點。如果妳覺得你們之間很親密，無話不說，那麼妳就會慢慢地對他產生情感依賴。他若隱若現，若即若離，讓妳抓不住又放不開，不知不覺中妳就掉進他設計的情感圈套，直到妳被他完全俘虜，妳才發現他是一個多麼花心又不忠於友情的男人。

對待這樣的男人，最好的辦法就是一開始就和他保持距離。妳要知道，男人和女人之間很難有純粹的友情，況且人也是有感情的動物，日久生情也很自然，既然知道他有家室又很花心，通常的辦法就是收起妳的單純和真誠，明明白白

地表明自己的自愛態度，讓他知難而退！

　　還有一種男人就是那種看起來很有深度和風度的男人，他們多是些有一定的文化修養，情感豐富，可能或多或少有些仕途不順，生活失意。他們淡泊名利，卻有一顆浪漫的心，一般的風塵女子他們是不屑一顧的。他們憂鬱的眼神，落寞的情緒，哀怨的神情，和一腔惆悵總是能讓女人對他們心生憐憫之情。生活中有很多女人，常常是以母性的本能理解和接受男人的軟弱，他們可以不理那些驕橫跋扈的男人，但卻不忍不關心這種憂鬱傷感的男人。這種男人一旦得到了女人的同情心，便開始對女人施展苦肉計，裝出一副軟弱無力的悲慘樣子，讓女人無怨無悔地為他付出。這種男人最狠，常讓女人深受「傷害」卻又無處訴說，反而有些心甘情願。

　　對付這種男人最好的辦法就是看妳自己是不是永遠心甘情願，如果他總是依賴妳的感情和經濟，那妳最好儘早離開他，不然一旦當妳一無所有時，他很可能會離開妳。

　　還有一種男人就是那種所謂的單身貴族，他們或者從來就不想結婚，或者是因花心而出名離了婚，也不想馬上再結婚。他們以談戀愛為名，今天和這個談一段，明天和那個談一段。一旦得到了妳之後，最後總是以性格不合為藉口，和妳分手再繼續尋找下一個目標。他們似乎是名正言順地在找

第六章　有一種自愛叫拒絕

對象談戀愛，其實就是一個花心的男人，他既不想對妳負責任，也不想和妳結婚，說穿了是玩弄妳的感情，再讓妳有苦說不出。對待這樣的男人，最好先了解清楚了，對他避而遠之，因為他不可能為妳而結婚的，所以最好不要在他身上浪費妳的時間和感情。

花心男人的共通點就是對感情不專一，不負責任，只要妳能識別他們的真面目，遠離他們或表明你的的態度，就可能讓他們無縫可鑽，無處下手。

▌拒絕戀愛「受害者」的「杯具」心態

戀愛「受害者」的心態，不僅愛得不晴朗、陰鬱，還會使他們習慣性地拒絕反省自身的責任，總感覺自身很無辜，然後理直氣壯地要求別人承擔責任和義務，甚至內心變得很狹隘。本想以退為進，彷彿想省麻煩，但卻把自己的角色囚禁在尷尬的位置上。

女生丹丹與一男性朋友在線聊天，她問：到高雄做什麼？

他回答：玩。順便辦點事。

丹丹警惕地發揮：玩女人？

他的回答是：順便和女人一起玩，不叫玩女人。

這個建設性的觀點，突然讓丹丹醒悟過來，為什麼非要把自己定位成「被玩的人」？

154

　　我們常常情不自禁把自己打扮成「受害者」，然後就可以心安理得地憤怒、憂傷、愁怨。尤其是某些女子，在愛情裡，彷彿生來注定就是要做悲情的角色，垂淚看花落，漫步空城，顧影自憐。這似乎也是東方審美的情趣，憂傷的前綴竟是「美麗」，約定俗成，司空見慣。

　　喜歡或習慣做想當然的「受害者」，其實是弱者心態反映，是典型的逃避責任行為。我們會本能地唾棄那些「被撻伐的狠角色」，猶豫地放棄「被尊敬的好角色」，然後順水推舟把自己扮成「被同情的角色」。

　　把自己「鎖」定為「受害者」後，好處就是讓自己可以有種逃離的、被迫的解脫的快感，就好比快刀劃落肌膚、疼痛之前那瞬間冰涼的爽，接下去卻是真正的瀰漫性受罪。把自己打扮成受害者，就是甘做心靈的病人，其靈魂的本質，是自卑，自虐，甚至自殘，這本身就是一種「杯具」。

　　快樂是最自然也是最易得的獎賞。為什麼不可以快樂地愛？愛是肯定，不是否定，是「加」，不是「減」；是自主，不是被迫；是陽光沐浴，不是黑暗掙扎。

　　不少女性彷彿條件反射地一「愛」就「唉」，一聲嘆息，一生病態，幽怨做「愛人」就做「詩人」，所謂「牢騷」宜於散文，而「憂傷宜於詩」，以及「詩是關於憂傷的奢侈」，都是中國古典文學傳統裡的固定套路。好端端過著

第六章　有一種自愛叫拒絕

閒適日子的人一吟詩就情。不自禁「傷春」「悲秋」，一作賦就是「殘梅」「瘦鵑」為描寫對象，滿紙「無病而吟」，在他們看來那是多麼僥倖的事，假病還會產生「真珠」。古代有個李廷彥，寫了一首百韻排律，呈給他的上司請教。上司讀到裡面一聯：「舍弟江南歿，家兄塞北亡！」非常感動，深表同情說：「節哀順變！」李廷彥忙恭恭敬敬糾正：「實無此事，純粹就是為營造憂傷煽情氣氛。」這事傳開了，成為笑柄，有人還續了兩句：「只求詩對好，不怕兩重喪」。

▋拒絕讓妳擁有真正的人生

　　生活中，親戚、朋友或同事常常會求我們幫點裡忙，只要不是違法且力所能及的，我們一般都會幫忙。但也有一些事是我們做不到，或者因為違法而不願意做的。許多人為此煩惱，既不想傷害對方的感情，產生尷尬的局面，又在內心裡抱怨對方怎麼能讓我們做那些事情。這常常使自己身心處在矛盾狀態，不知道該如何選擇。

　　卡薩爾斯（Pablo Casals）是西班牙大提琴家，從小就跟隨父親學習管風琴，後來又到巴塞羅那學習大提琴。他一直勤學苦練著，隨著技藝的不斷提高，他一再拜訪名師。有一次，卡薩爾斯想跟約克伯學習，但首先要接受約克伯的面試。約克伯不相信這個看起來毫無才華的人能有什麼音樂方

面的天賦，想讓他離開。於是面試時，約克伯用輕蔑的態度隨口講了幾首冷門的曲子讓卡薩爾斯演奏，只是想難倒卡薩爾斯讓他自己離開。沒有想到的是，卡薩爾斯每一首都會拉，並當場完美地演奏了曲目中最冷門的一首。此時約克伯態度突然轉變，願意讓卡薩爾斯留下來當自己的學生，並提供一年的獎學金。然而卡薩爾斯卻毫不客氣地拒絕了，他口上說自己不喜歡布魯塞爾，其實他拒絕的應該是約克伯高傲、歧視、無禮的態度吧。

　　卡薩爾斯的拒絕，可惹惱了為他提供生活津貼的西班牙王室，他們以中斷獎學金來威脅卡薩爾斯留在布魯塞爾跟約克伯學習。更讓人想不到的是，這次卡薩爾斯索性連西班牙王室的資助一併拒絕了，獨自到巴黎過起了貧困的生活。爾後，當佛朗哥在西班牙建立了法西斯政權時，卡薩爾斯又堅決拒絕了西班牙。接著，他拒絕到希特勒和墨索里尼統治的德、意演奏，拒絕到與西班牙建交的英國演奏；1950 年，美國承認佛朗哥政府，他從此拒絕了美國。

　　拒絕到這麼多國家演奏，卡薩爾斯又能到哪裡演奏呢？讓人沒想到的是，他竟然在比利牛斯山上的荒涼小鎮辦起了自己的音樂節，世界一流的音樂家爭相參加。

　　卡薩爾斯的拒絕，沒有使他失去成為大提琴家的機會，反而為他拒絕傳統、開拓創新提供了空間：他創作出了巴赫

第六章　有一種自愛叫拒絕

6 首無伴奏大提琴組曲的總譜，於 20 世紀初首演，並因此而開創了大提琴的現代演奏技巧，使它成為一件獨奏樂器。他的演奏，不僅技藝精湛，而且底蘊雄渾，有鬼斧神工與渾然天成兼得之妙。

在該拒絕的時候，我們就應該挺直自己的脊梁，勇敢地拒絕，不必畏畏縮縮猶豫不決。在旁人看來，有時候妳的拒絕是那麼的富有魅力，不僅展示了妳的獨立、尊嚴，更讓人看清了妳的風骨。

有時候妳的拒絕，也會讓妳擁有真正的人生。

妳遇到過這些情況嗎：在妳忙碌的時候，接到朋友因為鬱悶需要找人傾訴的電話；在妳想找個安逸的假日好好放鬆的時候，卻被同事拉去參加無關緊要的聚會；在妳上街的時候，被陌生的推銷纏住讓妳無法脫身。我們每天其實浪費了太多的時間在別人身上。人是具有很強的群居性，在這個由無數人情世故構成的社會關係網中，我們通常會迷失了自我。

回憶過去妳把多少時間用在了別人的身上，而妳又從中得到了什麼？我們的時光本來就是十分寶貴的，根本沒有必要把大把的光陰留給那些與自己無關的事情上。人生其實很簡單，簡而言之就四個字 —— 趨利避害。只要帶給妳阻礙的，不管對方是妳的朋友還是妳的戀人，都應該毫不猶豫地

選擇離開。拒絕一切不利於妳發展的因素。或許這樣做會很無情，也顯得很世俗，但作為女人，應該為自己而活。

　　拒絕不是絕情，人本來就有七情六慾，這裡所說的是拒絕那些根本沒有必要的人和事，尤其是八卦或是非。女人愛聊天，這是天性，只是這種損人不利己的事情最好能不參與就不參與，把這些時間空出來留給自己，或者那些真正妳在乎的人。人應該找準自身的定位，選擇適合自己的圈子，只有都是同類的團體才會有發展的空間。每個人對自己的人生都有嚴格的規畫，而在這些規畫中不會包括當別人的感情顧問，也不包括糾結於和妳毫無關聯的事情中。妳的拒絕可能會讓別人覺得妳高傲、冷漠，畢竟人還沒有幾個真正做到不在乎別人的看法。可正所謂得與失總是相對的，妳在失去的時候必定會得到，通常我們評價一個選擇正確與否，其標準就在於妳是否得到了妳想要的。

　　女人是感性的，甚至帶有著敏感。所以，通常在遇到這類事情的時候都顯得很矛盾，想的也很多。其實有些根本是沒有必要的。人往高處走，水往低處流，想要走得遠，就必須拒絕那些前行道路上的一切岔路口。雖然，我們的每一個選擇不一定都是正確的，但在決定事情前，要留有充分考慮的時間。用正常人的思路評判，而不是一時的衝動或者是顧慮所謂的面子。那些成功的人就是我們最好的榜樣，她們不

第六章　有一種自愛叫拒絕

會因為瑣碎而煩惱，更不會把時間浪費在無關緊要的事情上。

女人，要珍惜自己，要為自己而活，請學會拒絕。

第七章
最讓男人著迷的是女人的自愛

在愛情遊戲中，女人相對男人而言是天生的應對高手。能認清這個真理的，就能以柔克剛，攻心為上，天天當公主；認不清的，就只能做牛做馬當女僕，即使「過勞死」男人也不會覺得妳很辛苦！為什麼自己做牛做馬地奉獻，卻得不到男人的疼惜與呵護？其實，在愛情中，每一個女人都能成為備受寵愛的公主，而男人的內心，同樣也希望當個守護公主的王子，但是女人如果用錯了方法，男人寧可選擇當愛情的逃兵。

多數男人都喜歡一種女人，那就是淑女。而自愛的女人，可謂淑女中的淑女。

自愛的女人本身就是一幅動靜相宜的絕美的畫。她懂得如何珍愛自己，自愛的女人讓男人想到的不是魚水之歡，而是將來。自愛的女人讓男人腦子裡面也不會有征服的感覺，有的只是水與火的交融。女人自愛點，才可以得到尊重；才會讓男人珍惜；才會讓男人知道 —— 這個世界還是有好女人的。

第七章　最讓男人著迷的是女人的自愛

▌千嬌百媚，美不過自愛

有人說：女人如花，千嬌百媚。

女人的美分很多種，有的沉魚落雁美如貂蟬，有的溫柔嬌媚美如楊玉環，有的絕頂聰明賽過武則天。

女人，或美麗性感怒放，或聰慧無邪如純情盛開，或優雅內斂如暗香浮動，或多才多藝含而不露。不一樣的女人有著不一樣的美麗，而自愛，始終是女人最美麗的姿態。

身邊的一個好友已經快 30 歲了，可沒想到前段時間還正準備結婚的她，現在卻突然做出了分手的決定，她把自己扔進軟軟的沙發裡像隻小貓一樣哭泣，無助而痛苦。

哭醒的她雙眼無神地對我說了一句話：「只怪我當初太主動，我只能算他買回來的一個陶瓷碗，永遠成不了他的珍藏。」

當初他和她是同一個辦公室的同事，分別都有自己的男女朋友。日久生情，她卻在日常工作接觸中愛上了他，並且為他主動放棄了自己的初戀情人，投入到他的懷抱；他也一樣丟掉了自己的女友，並且沒有費任何力氣就迎來了這段愛情。在 4 年的同居生活中，他幾次感情出軌，她都原諒了他。但最後一次她不得不放棄了，她說：「我能把他從別人身邊搶過來，別人也一樣能從我身邊搶走。」

女人，大抵都想成為男人小心翼翼呵護的珍藏品，要考驗

他，要一再證實自己是被愛的，才能心安理得地享受自己爭取的幸福。而這樣的局面總是令人迷茫 —— 是否女人都要壓抑自己的感情，不主動，時時提醒自己要自愛才能更容易獲得幸福呢？是不是面對愛情女人一定要自愛，男人才會珍惜呢？

這要看妳怎樣來理解。

自愛，是「距離產生美」的別稱，也是所謂的「得不到的東西永遠是好東西的」簡言。因此，自愛在男人的眼睛裡是令人神馳但卻又不能褻玩的美。聰明的女人往往有一副自愛之態，以保持和男人間的那種若即若離，也保護著自己那顆不可隨便而獲的心。

女人似花，花的收放就如同女人的內斂和開放。一個有智慧的女人，知道自己何時該收，何時該放，也知道該收斂多少又該綻放多少。一個收放自如的女人，一定是一個有魅力的女人，也一定是一個幸福快樂的女人！自愛，就是能收放自如，拿捏得當的分寸。自愛是優秀女人應有的特質，是女人能自己把握分寸和情感的表現，它與高傲、任性，保守無關。

自愛的女人就好像一瓶存放久遠的香檳酒，越品味道越醇；自愛的女人通常不會在聽完一個自己欣賞的男人的一番甜言蜜語之後，就輕易地投入對方的懷抱；自愛的女人在遇到一個苦苦追求自己可自己並不愛的男人時，懂得怎樣婉言拒絕而又不會傷害對方的心。

第七章 最讓男人著迷的是女人的自愛

　　自愛的女人也許有時也會消遣，但是她知道怎樣做才算是有分寸，才不會破壞自己作為一個女人應有的修養；自愛的女人在遇上失戀或情變時，不會選擇哭鬧或哀求，而是瀟瀟灑灑地和過去說聲「再見」，揮揮手又從頭開始。

　　自愛的女人，在真正欣賞她愛戀的男人心中，是高貴的女神，是純潔的天使，是最值得男人尊重的好女人。

　　女人的美麗，不只是男人追逐的目標，更是女人畢生的所求所願。可女人的美麗卻是感覺。女人不一定漂亮，但一定可以美麗。因為漂亮得之於先天的遺傳，還可能倚賴於醫學的改良與重塑，而美麗卻得來於後天的自我塑造，是人由內自外散發獨屬於自己的氣質。善良的心、高尚的特質、優雅的舉止都可以為女人增添美麗，而自愛可以讓女人更美麗。

　　女人的美不在乎其頸間閃爍的鑽石，而在那隱藏於眉間的自愛。

▍自愛是最有女人味的表現

　　最具女人氣質的展現當屬自愛，因為自愛的女人猶如一朵清香怡人的百合，一顰一笑、一舉一動中都透著婉約與高雅，低吟淺笑間總能溢蕩出賞心悅目的溫和；自愛的女人內斂而深邃，細膩而含蓄。她外表端莊，或許欠缺一份浪漫，

然卻能在目光流轉的神思裡，穿越浪漫的骨髓。這樣的女人妳能說她不懂浪漫嗎？只不過自愛女人的浪漫，唯有懂得欣賞的人才能領略。

古代的女人自愛多半是與家庭殷實和教養分不開，她代表著家族的身分和地位，其實與所受教育程度也有關。在三從四德的私塾教育下，女性的熱情都包裹在自愛中，才有了更細膩的、獨特的、端莊嬌羞中透露的典雅美。

現代自愛的女性還是與教育和教養分不開。但人們更認為優秀女人的自愛，其實是心中有更深層次對愛的解讀。因為對愛有獨特的感悟，她才自愛。她不會為一時的興起，一時的熱情而放棄自己的那份嚴格的標準，那份熱切的嚮往，那份美好的情懷。

自愛的女人都懂得潔身自愛，有著一份「出汙泥而不染，濯清漣而不妖」的高潔與純淨。然而，冰清玉潔卻並非木訥與沒有激情，外表的孤傲與清高也並非冷漠與不解風情，只不過她的熱情與浪漫，只為那個能讀懂她的人而綻放。而在她那清逸淡定中所隱隱透出的冷傲，更是不失當前流行的那種「酷酷」的感覺。

自愛的女人懂得如何珍愛自己，所以不論何時，她都懂得如何借用自己的肢體語言將女人的韻味把握得恰如其分：興奮時，她也會笑得花枝亂顫，盡顯可愛本色，但卻絕不會淫笑、

第七章　最讓男人著迷的是女人的自愛

狂笑；她懂得如何在嬌嗔中摻入些許女人的自愛；動情之時她的眼神也會春色蕩漾，勾人魂魄，但卻絕不狂野。

　　她的聲調始終悅耳動聽，但聞其聲，就足以讓人想入非非。她也會發嗲，但卻不會讓人感到妖冶，因為她明白適度的纏綿，才不會使人膩煩和厭惡。在她的舉手投足，站坐起臥間始終透著優雅與得體，但絕不會賣弄風情。因為，她相信風情是與生俱來的，風情需要的是自然地流露，最忌諱做作，所以賣弄風情只會是蹩腳的表演。修養與天性是她馳騁於風情世界裡的一雙翅膀。她的修養得益於她對學識、人格與文化的修練，她理解女人風情的本質：唯有張揚得有板有眼，斂放得當，才能把女人生命中美好的嬌豔釋放出來，而又不走火入魔地使自己淪落於賣弄。所以她永遠是調製風情的天才調酒師，色澤品味俱佳，不會失手，更不會不到位。

　　這樣的女人總是風情萬種，即使不動不搖，也依然有春光明媚之感，讀她就像欣賞一首風情詩。所以，女人，保持一份自愛，就是為自己增加了一份美麗與魅力。

　　自愛的女人才有內涵的韻味。她的柔情不是用來陳述，是用來感受的；她的魅力無需張揚，是要體會的。一旦妳擁有了她的情懷，她的氣質就是她特有的格調，那將是獨凌於百花之上的嬌媚，一定令男人終生不悔，慶幸自己沒有錯過。

自愛是最有女人味的表現

　　自愛是女人最有氣質表現。自愛，就是要把自身當作美女一樣對待的自豪，是若有所思的慢拍舞曲，是小心翼翼的自我保重，是不輕易吐露的內斂。

　　自愛要怎麼做，很簡單，一舉手、一抬頭的遲疑；說話前的思索；走路時的莊重，聽到笑話過後慢一拍的微笑，無不能展現女人的自愛。

　　自愛，表現了優秀女人的修養。

　　有男人描述過這樣的情景：冷靜地待在聚會人群的一隅，看朋友熱鬧地周旋於異性中。而那些稍帶點自信或是自重的女孩，盡情地享受著男性的圍攻。高傲的青年對此索然無味，便把眼光往角落處投去。當他遇到一雙清澈的眼眸於熱鬧的喧譁中冷靜地閃著光亮，怦然心動，不自覺地就往她身邊靠，看著她眼裡不動聲色地流光溢彩，心裡的好感便由衷升起。

　　他說，他喜歡在喧鬧中尋找淡定的女孩。他說，他喜歡自愛的女孩。

　　當滿街的花紅酒綠變得讓女孩沉醉、嚮往時，當滿臉描得金光閃閃紅粉緋緋的女孩手夾香菸故作媚態時，當捧著啤酒杯猛灌啤酒的女孩被異性喝彩「妳太酷了」時，當女人可以厚著臉皮討好獻媚地左一句「哥」右一句「出色」媚捧男性時，「自愛」彷彿成了出不得現代廳堂的古舊陳物，只能

第七章　最讓男人著迷的是女人的自愛

在角落裡發著暗光，吸引不同的目光。

也許男人厭倦了花紅酒綠的囂張，只想靜靜地欣賞自愛女孩那種乖巧的純淨，以獲得喧譁中片刻的寧靜。於是，在沒心沒肺的新潮女郎包圍下，自愛的女孩使如開放在豔麗的玫瑰花叢中的小百合，綻放著迷人的氣息，溫婉可愛。那一刻，充斥著男人心間的，是某種讓心靈寧靜的陶醉——比酒還濃。

自愛女人也許無法獲取普通男人沒心沒肺的吆喝、吹捧，卻能獲得高雅男人真誠的關注，這種關注沒有逢場作戲的成分，有的只是類似於愛憐、關心的真誠。

作為新時代的女孩子，她們都有渴望愛情的權利。可在現實的愛情中，總有事情不是她們想像中的簡單。女孩子如果想要充分享受愛的溫暖，又怕被熱烈的火焰灼傷，那就應該做一支帶刺的玫瑰，能曖昧地開，也能純潔地香。

自愛，讓雙眸含秋，讓十指帶香，保持很有張力的距離感，是令男人最頭痛可又不得不緊追不捨的美妙狀態。不愛妳的人，看不出妳刻意留下的距離；愛妳的人，又會對妳這段曖昧的伸手卻又不可及的距離，而顫顫興奮不已。

在戀愛的過程裡，還是給男人們不大不小的「阻力」，讓他總有想徹底了解妳的渴望，這才是真正的會愛和懂愛的人所要經歷和做的，因為戀愛本身就像一場戰爭。

自愛的目的不是要拒人於千里之外，而是要讓他一直保持高度的進攻狀態，也是為自己留一點後路。他不會因此而不理妳，只會對妳更加的尊重，被別人喜歡是容易的，但是讓別人尊重就需要付出一定的努力，特別是在開放的社會裡。

這年頭，也許有不少新潮女孩會對自愛的女孩冷嘲熱諷為過時，也許新潮男孩也會對自愛女孩不屑一顧。但別灰心，真正欣賞妳的好男人，肯定在注視著妳呢！不信嗎？妳瞧那關注妳的男人向妳投來的關切的目光，不就飽含很多內容嗎？

看遍花開花落，女人自己的心花應該為自己綻開，而不是為了男人隨意的示愛就學孔雀開屏，自己的眼神應該有所收斂而不是睜大眼睛到處亂射，自己的甜言蜜語應該在互愛的人耳邊輕語而不是見稍為出色的男人就為之痴狂，自己的心思應該留給寵愛自己的人猜，而不是見男人就交底。

只有這樣的愛，才會顯得高貴而華麗。

▌男人為什麼喜歡自愛的女人

女人是否需要自愛？有人說自愛就像過去女人的裹腳，早該解放了；自愛就是不開放，是假裝清純、做作等等，男人們心裡也認可自愛就是不張揚，外表溫柔，內心堅強，文靜而不呆板，熱情而不輕浮，溫柔但不做作，清高但不冷漠！

第七章　最讓男人著迷的是女人的自愛

　　最深入人心的自愛女人，多是古裝戲裡演繹的長袖掩面，欲說還休的女性形象，也就是現代含蓄、溫文爾雅的、嬌羞、端莊的女性姿態。當然與現在提倡的張揚、開放的個性完全是兩種味道，自愛是指保持端莊的姿態，常常與女性自信、孤傲相放在一起。

　　如果把自愛用在一個現代女孩身上，也就是有點羞怯、莊重有涵養、柔弱、高雅、有修養、有素養、有點嚴肅、比較傳統的感覺。

　　自愛地愛著一個人，在心裡千萬遍地想他，念他，想見他，甚至在心裡大聲地說愛他，可一旦見到，卻只剩下微笑的勇氣。

　　一個女孩子的全部是什麼？是身體和心靈？還是拋棄了自愛，不顧一切的愛？不管有沒有回報，不管會是什麼結果，抑或是放棄自己的個性和尊嚴愛，只希望他能給妳一點點愛，甚至只是希望他能回眸對妳一下，這樣的人到底是傻瓜還是為愛而痴狂的人？妳說呢？

　　小王子有一個小小的星球，星球上忽然綻放了一朵嬌豔的玫瑰花。以前，這個星球上只有一些無名的小花，小王子從來沒有見過這麼美麗的花，他愛上這朵玫瑰，細心地呵護她。那一段日子，他以為這是一朵人世間唯一的花，只有他的星球上才有，其他的地方都不存在。

然而，等他來到地球上，發現僅僅一個花園裡就有 5,000 朵完全一樣的花朵。這時，他才知道，他有的只是一朵普通的花。

一開始，這個發現讓小王子非常傷心，但最後，小王子明白，儘管世界上有無數朵玫瑰花，但他的星球上那朵卻是獨一無二的，因為那朵玫瑰花他澆灌過，為她遮過風雨，用心呵護過，還除過她身上的毛蟲，傾聽過她的怨艾和自詡，聆聽過她的沉默，他擁有了她，她也把自己交給了他，她是他獨一無二的玫瑰。

「正因為你為你的玫瑰花費了時間，這才使你的玫瑰變得如此重要。」一隻被小王子馴服的狐狸對他說。

人們對於自己努力追尋才得到的東西，總是會格外珍惜，因為自己投入了心血在裡面。相反，人們對於太容易到手的東西往往不珍惜 —— 因為他沒有為此付出過，經歷並不深刻，所以容易被遺忘。這正是不可違背的人性使然。

作為女人，很多時候，為了自己能獲得持久穩定的愛，還是內斂、自愛點好。在關係一般且並不特殊的朋友面前，自愛是適當的距離，是得體的自然表現，是一把區分友情和愛情的尺，也是保護自己的輕型武器。一個能領會自愛本義的女人，往往最能夠激發男人呵護女人的好漢情節，能夠讓男人表現出男人的風采，能夠讓男人表現出強烈的愛。

第七章　最讓男人著迷的是女人的自愛

　　自愛，有時候在心中所愛的人面前，又是一種羞澀的美麗，是細膩如柔情似水的自然流露，是女人另一種美麗的綻放。遇到懂得欣賞自己的男人，對女人來說是一種幸福，否則也可能因女人的自愛錯過姻緣讓幸福隨風而去。有時候放下面具投入地愛一次，接受愛、擁有愛，用心體會愛，才能真正感受自愛的含義。

　　在網路情感漫天飛的時候，在物質是唯一衡量一個人能力的時代，在情感麻木的速食年代，自愛是涵養的再次展現。自愛不會讓女人在網路裡迷失自己，才能讓女人的優秀出淤泥而不染，濯清漣而不妖，如蓮花般的高潔，可遠觀而不可褻玩焉。自愛，是氣質美，是自然而然的表現，具有一定的人格魅力，這不是裝出來的，當然也輕易學不到。

▌自愛的女人被珍惜的原因

　　常常聽身邊的朋友抱怨，怎麼遇不到好的男人呢？我們不知道男人們是怎麼想的，他們認為怎樣的女人才是好女人呢？這一點也許連他們自己也說不清。

　　但有一點可以肯定，無論古今，大多數的男人都喜歡自愛一點的女人 —— 因為自愛的女人有諸多值得男人珍惜的理由：

- ✧ **自愛的女人自重自愛**：在現在如此快節奏的時代，一夜情已經被當成另類的時尚。人們到底要求的是什麼，僅僅是生理的需求嗎？人作為高等生物，不應該隨著時代的發展卻進化到如此的地步。一個好的女人在遇到自己喜歡的男人時，應該是先相處、了解對方是否適合自己以後，隨著感情的加深而順其自然。

- ✧ **自愛的女人有責任感**：在現代只強調男人有責任感的時代，女人其實也應該有責任感。很多女人是為了權，為了利，為了錢，為了勢等利益才和男人在一起的。她們只不過把感情和肉體當做交換自己想得到的工具而已。這樣的女人今天為了某些東西可以和妳在一起，那麼明天也會為了得到其他的東西而離開你。

- ✧ **自愛的女人有想法**：現代社會的壓力越來越大，男人在外打拚已經承受了很大的壓力，有想法的女人應該能為男人分擔壓力，至少可以有自己的事業和人生價值，並不是一味地依附於男人。女人能在現實生活和競爭壓力下學到很多東西，使自己歷練得越來越成熟，有韻味，也更堅強和勇敢。有想法的女人在金錢面前最有自控能力。是的，誰不愛錢呀，可是並不是有了錢就有了一切，錢再多，妳能買到真愛嗎？感情和婚姻如果只是建立在金錢上靠得住嗎？當富貴不在的時候她也就隨之而

去了。所以有想法的女人明白自己要的是什麼,而不是一味地追逐名利和金錢。

✧ **自愛的女人疼愛男人也疼愛自己**:不會疼愛自己的女人,男人也不會疼愛妳的。很多女人在愛情中為了所愛的人付出了很多,卻忽視了自己的存在,到頭了卻換來男人的離棄。男人對性永遠是充滿新奇感的,再多的愛,到最後男人只會覺得是應該的,時間久了都不會珍惜的。所以聰明的女人應該是先疼愛自己,愛惜自己的身體,養護好自己的容貌,時時更新變化自己的外在氣質,讓男人對自己一直感著興趣。遇到這樣的女人,男人想不疼都不行。

✧ **自愛的女人有自己的空間,也給男人足夠空間**:自愛的女人一定要有自己的朋友,不開心的時候可以和朋友傾訴,不一定要把煩惱都拋給另一半。當然也要有自己的異性好友,但是她非常清楚和他的關係,不需要別人擔心,她會很清楚地把握界限的。她會給男人足夠的空間,讓男人有他自己的自由,她信任他,在事業上更會支持他。

✧ **自愛的女人懂得用心去愛**:妳不一定是最漂亮的女人,也不一定是最有氣質的,或許還不一定是最聰明的,但妳一定是最優秀的。只要妳用心愛對方,他就會在妳生

病的時候守候照顧妳；在妳煩惱時聽妳發洩抱怨，鼓勵妳；在妳需要他的時候給妳無私的關懷和最大的幫助。也許還會有一點嘮叨，可那是因為愛妳！

▌等來的愛比找來的幸福

「妳有男朋友了嗎？」

「還沒找呢！」

「妳不要找，妳要等。」

妳不要找，妳要等，這句話，言簡意賅，卻叫人蕩氣迴腸。也許有人說，為什麼女人只能等愛，女人主動找愛又有什麼不可以？是沒什麼不可以，只是，等來的愛與找來的愛，對女人來說那是不一樣的。某一日，自己哭著喊著追著要嫁的那個男人心有旁騖了，女人必定是憤怒的。

一位好友，曾是一個勇敢為愛而愛的女人，人們說「男追女隔座山，女追男隔層紗」，女人俘虜男人，並不是費力的事。不幸的是，結婚不到兩年，那男人遭遇了他生命裡真正的愛情，他恍然，原來愛一個人是這樣美好啊！於是要離婚，女人自然是不肯放手，鬧到最後，男人在法庭上惡語相向：「我還要妳賠償我的青春損失費呢！」

這話，大多應該是女人才說的吧？先別忙罵人家王八蛋，誰叫妳當初撇下女人的顏面找人家來著？也許有人說，

第七章　最讓男人著迷的是女人的自愛

這樣的話，只有極刻薄的男人才會說得出來。可哪個變心的男人對舊愛是厚道的！即便厚道，也是表象，不然何以棄之如糟糠？

女人等愛，是自愛，是對自己的尊重，也是順應自然界雄性求偶的規律。常聽人將「賤女人」掛在嘴邊，其實男人才是真正的「賤客」，博來的愛情美不勝收，隨手撿來的花朵，不管多美都不覺其香。若有一日，真的負了她，女人亦可理直氣壯、氣衝山河：「當初是誰死皮賴臉的求我？」

見過很多因情變主動「淨身出戶」的男人，那是因為他對前妻的愧疚。愛情和婚姻，誰主動，誰擔當。找來的愛，目的性強；找來的愛，是女人在「找」，丟了些許女人的傲氣；找來的愛，面對殘局，得女人收場，真正是生生氣死紅顏。

有句話說得極好：「當愛情還沒有來臨的時候，不要悲傷，要把自己打造得更出色，讓錯過妳的人後悔，讓欣賞妳的人珍視妳！」相信很多很多女人在自己青春好年華時，聽過母親或者祖母說過同樣一句話：「一家有女百家求。」一個「求」字，讓我們彷彿看見，端坐閨閣中的女孩，靜聽窗下愛慕她的男人們競相展示自己的歌喉，到動心處，女孩玉指輕點：就他吧！

那時候的女孩是公主，將愛情恩賜與他；當她成為他的

女人，她便是他的皇后。找愛與等愛，不是時尚與傳統的較量，也不是勇敢與被動之爭，是女人幸福指數的大比拚。

自愛的女人總能遇見好男人

有人說：好男人，都尊重自愛的女孩子和尊重女孩子的自愛。因此，自愛的女人，多半能遇到好男人，或者將一個男人襯托、改造成好男人。

在網路上，有一個自稱為好男人的人發表了這樣的自白：

在大學的時候，我也有一段讓我刻骨銘心的愛情，她是一個傳統的女性，她讓我學會如何尊重女性。也許未來有太多不確定的因素，我們沒有走到大家所想像的那一步。大家也許會說把分手歸責於未來太牽強，但當時，我們愛彼此真的很深，我能把一個男孩對女孩溫情都給她。現在我們在電話裡聊天的時候，她開玩笑說我對她太好，可能會影響她往後找男友。但她的自愛，她的自重，是當初讓我覺得她是可以全身心愛的女孩，即使分手以後讓我尊重。我記得她曾說過一句話：「我把真情給了妳，妳也會永遠在我心裡占據一塊位置，但有些東西我想留給以後的老公。」當時，我覺得她充滿了智慧，以後我再也沒要求過她。

畢業後，我們各自回了家。可回家後，我發現愛情變得

第七章　最讓男人著迷的是女人的自愛

世俗了，有不少女孩因種種原因而接近我，我也看中幾個外表不錯的女孩（我喜歡高個亮麗的女孩）。當我認真準備開始時，向周邊的朋友一打聽，才發現她們都有著「不俗，複雜」的過去，這讓我哭笑不得，很是感慨。也許愛情禁不起考驗，第一段情感已經結束將近有四年了，我還沒有一段新的愛情。

說老實話，以我的條件，找一個女孩相陪還是簡單的。可是我真的想找一個純粹的女孩，讓我可以很寵她，可以無所顧忌地保護她，讓我的愛填滿她的心靈，讓她一輩子只記得我的好。可是，我發現這真的好難。

教自己的男友學會尊重自己，尊重妳們未來的家庭。妳們也要學會拒絕，要會說不。如果一個男人真的因為妳的自愛，妳的傳統而拋棄妳，那我恭喜妳了。那妳將來一定會有機會碰到有責任，敢擔當的好男人。作為男人，我想告訴妳，因為某種要求無法滿足就拋棄妳的男人真的很不可靠，他不值得妳愛，愛他的結果遲早會受傷。。

從交際學，行為學來講，主動的女人起初都會讓男人受寵若驚，但隨著時間的推移，一旦形成習慣，他就會認為這一切都是理所當然，敬意感便悄然離去。也許他口無遮攔地講如何欣賞性開放的女人。當然，這只存在於男人表象性的欣賞，因為他需要這種樂趣，也不必承擔什麼責任，何樂而

不為呢？男人會推理出這個女人會有很多性伴侶，對自己而言沒有所謂的糾纏，這種自私的想法謬論不過是一種「意淫」。

除非只是想解決生理需要與男人一夜情，否則，女人再高的熱度想與之續後緣，就不要在第一次花前月下擦槍走火。或許妳中意的男人對三顧茅廬頗為感興趣，更鍾情於細水長流的調情狀態，是的，那種男人會樂此不疲！在結束單單停留在生理需要，開始追求精神歸宿，浪漫愛情婚姻的女人一定要知道，情愛沒有長久的，愛情才會長久而幸福。

如果認為失去他就等於失去全世界，這種沒出息的女人只會滿足男人的控制欲，久而久之，則逐漸喪失掉吸引他的魅力，即使女人再漂亮再美麗也一樣。女人過分的依賴，往往會導致其男人的厭煩，女人那副仰慕其男人的心態，將導致其男人壓力過高，再加之不對等的溝通交流，其男人察覺女人變成一個沒有氣的籃球，任他拍、任他打、任他挑逗就是不能彈跳，食之則無味，棄之又可惜。

心甘情願為男人做牛做馬都無謂的女人，就這樣成為其男人生活中不可或缺的女傭，女人的無私給予一旦成為男人的理所當然，就失去了幸福的含義，男人不能沒有她，只是圖方便，不是愛，更甭提幸福。所以食之無味，棄之可惜的想法就占據著男人的神經系統。

第七章　最讓男人著迷的是女人的自愛

　　所謂的好男人都是由女人的薰陶下所成的產物，但那也許是母親，也許是愛人。作為一個女人，為了自己幸福，就應該學一回用心觀察與細心學習並加以實際的運用，好男人就會在妳的調教下產生。

第八章　愛情需要加點自愛才美味

看慣了風花雪月的故事，玩膩了男歡女愛的遊戲，很多人對於愛情，已經沒有奢望。有些男人們一直嚮往那種「羞答答的玫瑰靜悄悄地開」的愛情，來得緩慢而輕盈，帶著並不是很嗆人鼻眼的香味裡和氤氳的色調，就如墜夢境中，如痴如迷了。如果能再有點考驗的曲折，卻能「山重水復疑無路，柳暗花明又一村」，真是最好不過了。

在愛情的追逐裡，女人含蓄和自愛是把握住男人最好的手腕，衝動和直白不一定是最明智的選擇。自愛和羞澀就是使愛情變得曲折動人一些，使愛情變得更有難度，使愛情呈現不同的畫面來，有流水，有高山，既有走平坦的路的舒坦，也有攀山的激情。

第八章　愛情需要加點自愛才美味

▌來一針愛情疫苗

有人說，戀愛像體操，需要從年輕的時候開始不間斷地練習才能技藝高超，等年紀大了再練難免摔傷自己。如今這個時代的女人，30歲前就該把戀愛功夫練好，否則哭的總是自己。

20多歲的女人執著地迷信緣分而無視戀愛中的數學機率，即使眼前是「一頭驢子」自己卻傻乎乎地還在讚美他的深沉。每個年輕的女孩在心中都肯定地認為：最終伴我走過一生的那個男人一定是英俊瀟灑的，看到他第一眼的感覺就像是被雷擊了一樣強烈，然後一個聲音在心裡說：就是他了，這可能嗎？

聽聽過來人是怎麼說的：「面對第一個男人，女人發誓自己的愛情可以永遠不變；對第二個男人女人還是這麼說，可心裡已經不再那麼肯定；等第三個男人來了，女人就側過頭看著窗外，淡淡地說：『誰能知道將來的事情呢？』」

兩個人的交往，已經到達漸入佳境的階段。她總喜歡在氣氛很好的時候，問假設性的問題，每一個問句前面都是「如果有一天」。例如：「如果有一天，我因為工作要離開你一段很長的時間，你會不會等我？」

剛開始的時候，他還算有耐性，都會一一地回答，而且都是用近乎「甜言蜜語」的口氣說：「傻女孩，擔心什麼，即使妳要出國兩年，我一定會等妳啊！」

儘管他表現得已經接近一百分了，還是無法讓她停止這樣的問題，而且是不停地追問，例如：「你會等我兩年。萬一，是五年呢？」

每個男性的忍耐都有所謂的極限。有一天，他扳著臉孔對她說：「妳可不可以不要再逼問我這些問題，我覺得這些很沒有意義！」

平常被寵壞了吧！她惱羞成怒地對他大吼：「你不要自以為了不起。我只不過開開小玩笑，你有什麼好的。」然後，負氣轉身離開。

在氣頭上，他沒有追過去，獨自一人騎車回家了。失去聯絡兩天後，還是他先打電話給她，還沒打招呼，就打了個噴嚏。

「感冒了喔！」她心疼地說。

「也許，我也該多打一針流感疫苗，增加我對病毒的抵抗力。」他雖然是開玩笑地說，但意有所指。和真實的感冒沒有差別，愛情的經營同樣需要：有充分的營養、有足夠的休息和適當運動，要防範被不明的病毒侵襲。

愛情病毒，繁衍在實際生活中多變的兩性關係裡。若要男人不受愛情病毒的攻擊，不是要他不停接種各式的「如果……你會不會……」一類的愛情「流感疫苗」，而是先調整他的內在「體質」，使他能夠自然而然地產生抗體。

就像每一種疾病一樣，愛情是不是也有自己的疫苗呢？

有！那就是被愛情挫折嚴重感染後大病一場，就會生出自己的疫苗，從此對愛情挫折就有了免疫力，從此再不會像初戀一樣為一個人愛得死心塌地。

雖然生活中確實有那些吉星高照的人，但輪到我們頭上就像買中獎樂透一樣難。不是有報導說，法國有一對青梅竹馬的 99 歲高齡的老夫妻，在慶祝他們的 80 週年結婚紀念日嗎？可大多數人真的沒有這麼幸運。

女人在找到那個能陪伴自己度過一生的男人之前，也會有很多注定失敗的戀愛要談。愛情疫苗在婚前打了，總比婚後再補打好，被女人摯愛熱烈感情寵壞的男人，是不太會珍惜某個女人對他的感情的，因為他習慣了揮霍。所以，現在的一切努力付出的愛，在妳看來已經是竭盡全力了，而在那些人眼裡僅僅是動動腳尖而已。春暖花開的，晒一下太陽，呼吸點新鮮空氣，比自己坐在屋裡掉那些廉價的眼淚舒服多了。

▌誰先動心誰就輸

誰先動心誰就可能滿盤皆輸！在情場上，這可是至理。

站在女人的立場看 —— 距離產生美，確實有其深奧的道理。

也許妳不是一個守舊、傳統的女人，不管這世界如何變，男人總是喜歡征服，習慣於在征服世界的同時來征服女

人。女人也喜歡那些在某種程度上征服了世界的男人。有征
服欲的男人，會更有男人氣概。

情場上，幾百年前歐洲那些男人站在心愛女人樓下就著
月光彈吉他唱情歌的情景永遠讓我心馳神往。那時候的男人
多麼懂得憐香惜玉，多麼善解風情，因此，令人總有生錯了
年代的遺憾。現在的情形是，女人越來越強，越來越主動，
越來越不在乎受挫失敗，那些可愛的壞女孩總是高唱著「看
到好的男孩，我一定會追」，不斷地寵壞男人。

自愛之所以更有味道有嚼勁，更朗朗上口讓人稱頌，就
因為如果自愛軟硬拿捏適度，就會令一般男人想入非非，這
樣才能更好地點燃美麗愛情的導火線，才能將愛情的長跑友
誼賽進行到底。

但有一點不得不注意，如果過於自愛，最終則會物極必
反。有些妳中意他卻羞澀的男人不善言辭，不能夠很完美地
將心理表達出來，任憑妳條件幾近無暇，也不能一再地刁難
他。反言之，能承受女人的一再刁鑽為難而吃盡苦頭的男
人，還至死不渝地守候其愛人身邊，必然是缺乏了自尊，也
就更傾向於受虐。

過於自愛的人可以歸屬到閉塞性心理障礙的那一類人群
中，他們往往會出現與現代社會的習慣格格不入。與親人還
多半有一點點隔閡，表面上一副傲骨，兩袖清風，不知什麼

第八章　愛情需要加點自愛才美味

時候得罪了人家不說，還需要委屈地賠不是。這種陳舊的行為早在 20 世紀前半葉流行過，在如今物欲橫流的開放時代早已落伍，不受歡迎。

當然自愛這個分寸是在妳的手裡加以發揮，如果演得太過就會讓他遠離，所以也要適當學會曖昧。

✧ 學習在他面前彎腰撿東西，相隔不要太近，也不要太遠，以一公尺為最佳，不要小看這個動作，這是個很性感的動作，帶了那麼一點誘惑。至於其他的那都是他理解的事了，與妳無關。

✧ 吃飯時，適當地 AA 制幾回，偶爾也要回請他吃東西，比如，冰淇淋，薯條什麼的。在吃的時候，遞紙巾給他，但不要為他擦嘴。

✧ 可以偶爾吵一小架。生活裡不僅僅是甜，也要有別的風味，要不怎能感覺到甜呢？可以偶爾的不講理，撒嬌埋怨，最後負氣離開，但切記一點啊，優雅地轉身離開。

✧ 與他在公園約會時，托著自己的臉頰不說話，看看星星，或者彩雲追月，做沉思狀，男人往往對有深度的女人愛而且敬之。

✧ 約會的時候可以稍稍有些遲到，但是不要形成習慣，而且不要遲到的時間太長，5 到 10 分鐘為最佳。但到了以後一定記得有一句：對不起，我來晚了。

✧ 記得關注他，不僅僅只是陪他玩，關鍵是要關心他的事業，工作，身體，家庭等等，要讓他知道，妳是可以對他很有幫助的人。

✧ 最初的接吻時要先拒絕一下，尤其是濕吻，能不讓吻就別吻。但是還要安慰他一下，吻一下他的臉，不必太重，點到為止。

✧ 親熱的舉動從牽手開始，再至擁抱，再到接吻，但是不要再往下了。

✧ 不必什麼都跟他講，要有神祕的感覺，永遠給他一個謎。

✧ 準備口香糖，在他對妳提出「過分親暱」的要求時，塞一片給他，調皮卻又不失尊嚴，而且這就是有自愛的感覺。

✧ 天冷的時候可以把妳冰冷的小手塞進他的衣服裡取暖。

✧ 要永遠會說那句話：對不起，現在還不是時候。這句話說到什麼時候就看妳自己把握了。如果有朝一日，他不提那個要求，連人都不要了，那就有點過了。

▋培養自身的神祕感

所謂神祕感，是指由於男女間的性別、生理、心理差異而產生的新鮮、奇特、深奧莫測等體驗。它在整個戀愛過程，乃至婚後的夫妻生活中，都會產生特殊的促進和至關重要的心理作用。男女之間的神祕感能激起兩性間的好奇，在

第八章　愛情需要加點自愛才美味

這種好奇心的驅使下，兩者都要求接觸並且相互探索。在接觸探索過程中，如果彼此欣賞、富有吸引力，就會產生好感。在好感的基礎上，由對方的神祕性產生吸引力，透過進一步的了解，能相互發現許多迷人的特質，那愛情就會因此而產生。如果異性間沒有對這種神祕感的探索，那兩人的吸引力便無從產生，也就根本談不上愛情。

懂得表現自身魅力的神祕女子，能營造出神祕感是技巧，對女人來說，保持神祕感這東西就如同走鋼絲，一邊是神祕感，一邊是男人的耐心和好奇感，一旦這種平衡被自己打破，或者男人自身的耐心和好奇感的平衡被打掉，那麼立刻便墮入萬劫不復的深淵了。只有讓對方保持非常好奇的那部分神祕感，那才是聰明的女人的做法。

楊貴妃每一次洗浴時，堅絕不讓唐明皇看見。得不到的才是最好的，了解男人的心理，即使自己主動有時也應該欲擒故縱才好。迂迴曲折地說「要妳」，比直接說「要妳」更來得風情萬種。將自身的神祕感發揮得淋漓盡致也不失為自愛。

男女間要能相互保持吸引力，其實是難度很大的挑戰。保持神祕感絕不是故弄玄虛，也不是彼此隱瞞和欺騙。否則，一切都會弄巧成拙。這世界並不缺乏優秀的男人，但是妳必須主宰自己生活。

　　每個人都會有生理需求，有的人強烈些，有的人稍差一些。他在沒遇到妳之前怎麼辦，或許他會找一個人陪伴自己，但我們如何來衡量他的對和錯？如何來衡量值得還是不值得？這恐怕沒有人會給出確切的答案，畢竟每個人的想法都是不同的，不能只根據自己的觀念，就說別人的觀念是對的還是錯的！

　　雖然戀愛是一個相互了解的過程，能從彼此開始認識到加深了解，情意相投應該是值得慶幸的，但了解得過於透徹，甚至不需了解的也知道了，使彼此的神祕感消失，對愛情沒有太多好處。每一對男女都應該保留個人的世界，應該有自己一方神祕的、不為任何人所知的天地。因此，戀人間要想相互保持吸引力，則首先要保持彼此間的神祕感。這種神祕感不是固定不變的，其內容一邊不斷地被對方所探究、發現，變為不神祕的東西，一邊又不斷地被新的內容所充實、替換，而這種神祕感內容的更新，需要靠每個人不斷地用知識、智慧來充實。一些徒有漂亮的外表，而沒有豐富的內在修養的人，往往只能夠使人在感官上取悅一時，一旦與他們相處久了，由於知識貧乏，想法沒有深度，缺乏神祕感，便很快失去吸引力。所以，在戀愛過程中，除了加強自身的各方面修養外，還要注意不要過快、過於充分地將自己的神祕感（或者說內心中的隱私）全部暴露，這包括才能、

第八章　愛情需要加點自愛才美味

特長、經歷以及身體等等，要學會「細水長流」，因為愛既需要真誠相對，但也需要自身的神祕感。給愛一個空間，讓愛情自由自在地呼吸，保持愛情的新鮮與神祕。

如果要想讓自己顯得自愛，就應該做到難以讓人把握，如果人們對妳無法真正了解，就會覺得妳很有價值，退一萬步講，也不敢得罪妳。如果妳能讓與妳交往的人感覺到，妳的聰明超過他們的想像，他們就會更加崇拜妳。妳可以盡情表現自己，但是行為一定要有風度，讓人感覺到妳不僅僅深謀遠慮，而且溫文爾雅。擁有真正學識的人往往會非常看重別人的智慧，但是一般的人看重的只不過是人們的地位和身分。讓妳周圍的人按照他們想像妳的樣子費心揣摩吧，但是不要留有把柄給別人，許多人會莫名其妙地讚美別人，卻不知道自己為什麼會如此，可能只是因為權勢和神祕，他們便為之傾倒。對於那些神祕不為人所知的事物，只要聽到有人讚美它，他們就會同樣讚美它，而且發自內心地敬重。

保持自身的神祕感，不要過多的談自己的事情，但絕不是一點都不談，要學會在恰當的時機談些自身的事情，但是不要說太多！只要讓對方對妳的事一知半解，很自然地就想更多了解妳了！沒有必要過分清楚地表露自己的一切，應該讓自己為自己保持神祕感。

其實，無論是面對心愛的人或者是別的人，都應該保持

一定的神祕感。

　　一般來說，人們對那些完全了解的東西就不再關注，而對那些不了解的卻保持著莫名的崇拜和敬仰。經常提起過去的輝煌，會讓人覺得妳在炫耀，好漢不提當年勇嘛。提起過去的糗事，又會被小人利用來中傷妳。

　　總之，妳的過去，少告訴別人為好，碰到小人會利用妳的弱點，攻擊妳。古人云：逢人只說三分話，切勿全拋一片心。人都要為自己留條活路的。

▌不輕易以身相許

　　對於某些男人，容貌再沉魚落雁的女人也不過是他身體的過客而已。

　　在這種男人眼裡，哪怕妳閉月羞花，如果主動投懷送抱，都不如讓男人自己踏破鐵鞋，使自己成為眾裡尋他千百度才追來的寶貝，因為追的過程給了男人無限幸福的遐想和渴望，讓他能更珍愛這種得來不易的愛。

　　如果以身體開始的愛情，向來都會以對身體的厭倦而結束。

　　現實裡，我們看到痴情的少女對自己的初戀十分珍視，十分投入，但也十分幼稚。她們生怕對方變心，為了拴牢對方，很容易就邁過了性的門檻，而結果卻大多造成了自身的

第八章 愛情需要加點自愛才美味

不幸。如果對方是在玩弄感情，目的達到以後，他很快就會喜新厭舊，另覓新歡。

少女們還必須明白，真誠的愛情意味著極為尊重所愛者的人格，對她的終身高度負責，並且互相信任，不作猜疑，無需「實驗」。如果需要「以身相許」，以肉體作為證明方能表明真心相愛的話，這本身就是對雙方人格的貶低，更是對女方的不公平。很明顯，輕率的性行為與真誠的愛情風馬牛不相及。

▌給男人獻殷勤的機會

太多的新女性主張，把 AA 制引進到談戀愛中來。這當然是一件好事。AA 制的基本規則，誰消費誰掏錢。所以女性願意掏錢，而不願意總被別人付帳，這未嘗不是女性經濟地位及社會地位提高的象徵。何況當今社會陰盛陽衰，女人更比男人有出息。女人們在事業上往往比男性進步還快，收益更高，每每有掏錢談戀愛，甚至倒貼錢談戀愛的事，這也是社會進步的表現。豈不聞，最近有個調查說，67.4% 的女人不在乎男人比自己收入低。

男人把開些無傷大雅的玩笑作為對女人的恭維，其實並不是真的想發展成什麼親密關係；知情識趣的女人也絕不會把這種「調情」當成對自己的冒犯，只是心領神會，一起享

受這份小小的快樂而已。

男人獻殷勤花的每一分錢，不是為了妳，而是為了他們自己。男人要從女人的享受中，獲得對自己的滿足和認可，給自己一點從容，給對方一點表現機會，豈不是為社會添加了更多和諧？只要不是刻意的「詐騙」，那女人就應該理所當然地享受男人的獻殷勤。這也是「自然界的規律」。

為什麼有的女人身邊總是不乏蜜蜂蝴蝶圍繞獻殷勤，上下班總是有人溫馨地接送，寂寞可以有人依靠，不必孤單自舔傷口，永遠都像萬千寵愛集一身？而妳為什麼總是孤家寡人一個呢？

若妳對別人的條件嚴苛，那麼別人又將怎樣對待妳？人跟人之間的相處其實都是相對的，如果妳一開始就拒絕了別人，試問別人怎能來親近妳呢？

漂亮的女人會有被嬌慣縱容出來的傲慢，但也有被閒言提醒出來的警覺。她們很容易把向她們獻殷勤的男人當成「色狼」的一種。所以她們往往把自己點滴的「笑納」行為，歸結為對「好色」的屈服，從而在內心嚴詞譴責自己。這就成了她們正常發揮自己聰明才智的障礙。

顯然，在如今這個只恨自己不夠美，只嫌自己不夠酷，只怕自己不夠招搖的現代化社會，「拒人於千里之外」已不是漂亮女人表現自尊的最佳生存方式。與其躲躲閃閃說漂亮

第八章　愛情需要加點自愛才美味

會帶給自己麻煩，不如大大方方承認漂亮帶來的是別人享受不到的機會。

很多國外的男人對女性的殷勤周到和肉麻讚美已經成為生活習慣，與對象的年齡和外貌無關。調情，對他們來講是基本禮儀，國外男人無所不在的調情方式，生活中不帶任何功利目的地向女子獻殷勤本身就是國外男人尊重女性的習慣，他們認為讓女人充滿自信，心情愉快，是男人應盡的本分。比如上下車時主動幫女人提行李，不可否認，如果碰到性感美女，他們的熱情更是高漲。讚美女性是國外男人交際禮節的一部分。

很多時候，雙方並無非分之想，只是世俗太累人。從忙碌裡抽出些許時間，彼此無傷大雅地讚美一下，單調漫長的人生便多了許多快樂。

▌愛情只求八分飽

愛情是一個相互的空間，擁抱可以緊密，親吻可以無間，但是窒息就什麼也沒有了。留點空間給愛人，別怕愛人的心飛了，因為妳心裡的空間比天高，任憑愛人上下翻飛。妳不給愛人空間就是不給自己愛情的空間，結果愛人只能跑到別的空間。

當妳太愛一個人的時候，會不自覺造成方寸大亂，自覺

地迷失自我，會不自覺地按照他的喜怒哀樂來安排自己的心情；與他在一起，他是妳的整個世界；和他在一起，妳的整個世界只剩下他；妳太愛一個人的時候，妳的寬容將成為毫無原則的容忍，妳的付出會慢慢地被他習慣，甚至無視；妳的個性，妳的生活在她的眼裡都會變得無足輕重，當妳太愛一個人的時候，妳就像是一塊電池，而他則是一個手電筒，為了他的光芒妳選擇毫無保留地釋放了自己，最終的結果是妳因為耗盡了能量而被他遺棄，因為他需要用新的電池來維持自己的活力。

飛蛾撲火的愛情，固然唯美。但是如果一旦成為過去，如何讓彼此收拾那一地的狼藉？

托爾斯泰（Leo Tolstoy）的《安娜‧卡列尼娜》（*Anna Karenina*）一書對愛情的產生和起伏演變描寫非常精確。安娜是一位美麗的貴婦，邂逅英俊的青年軍官佛倫斯基後燃起瘋狂的愛情。為了這段感情，安娜拋夫別子，冒天下之大不韙，挑戰上流社會的種種規範，不可謂不勇敢。

儘管如此，佛倫斯基還是很快厭倦了這種終日廝守的生活。在沒有得到安娜的時候，他處心積慮地追求，甘願放棄仕途前程，甚至為了得到安娜的愛而舉槍自殺。然而，當安娜死心塌地和他走到一起後，佛倫斯基開始想念昔日的朋友，想念熱鬧的社交生活，包括能以自由之身與女孩子們交

第八章　愛情需要加點自愛才美味

往。這樣一來，自然招致安娜的不滿。每次衝突之後，她都禁不住向佛倫斯基發問，是否還愛她。臨到此時，佛倫斯基往往會在內心發出絕望的嘆息：「天哪，又是愛情！」

任何激情都可能因為距離的接近而淡化甚至消失。在此過程中，如果一方沒有過分要求，激情會逐漸轉化為溫情和親情。雖然是淡淡的親情，如果能很好地維持著，雙方都會感覺不錯。然而，當一方對感情有過高期待時，往往會引起極大的逆反。

安娜和佛倫斯基理應還在熱戀，不過幾年的時間，就到了佛倫斯基無法忍受的程度。說明什麼？說明當一方死死地要求今日的溫情維持往昔激情的熱度時，無異於迅速破壞著已有的溫情。當一個女人不斷提出感情的要求、表達著對丈夫的不滿時，她並不知道，自己每天都在扼殺著最看重的家庭關係和感情。

愛是一種快樂，太愛則是負荷。生活就是那樣，很多事物妳越是握緊，它越是掙脫。妳越是在意，它越是遠離。

要愛一個人愛得渾然忘卻自我，那樣全身心的愛只應出現在小說裡，這個社會越來越不歡迎不顧一切的愛。給他呼吸的空間，也給自己留個餘地 —— 飛蛾撲火的愛情，正在進行時固然讓人覺得壯美，但若他成功時，妳如何收拾那一地的狼藉？投入那麼多，妳能否面對那慘重的損失？

　　所以，愛一個人不要愛到十分，八分已經足夠了。剩下的用來愛自己。六分醉、七分飽、八分剛剛好！妳可以愛一個男人，但是不要把自己的全部都賠進去。沒有男人值得妳用生命討好。妳若不愛自己，怎麼能讓別人愛妳？

　　過分的愛是傷害。當我們那樣愛一個人，我們最終會因為沒法佔有他的全部而痛苦。如果我們變得自私和嫉妒，不但傷害了別人，也摧毀了自己。當妳自作多情地將全部的愛獻給了別人，妳等於將別人不需要的感情也強加於人，帶給人壓抑、重負，甚至是痛苦與折磨時，愛就是傷害。如果妳還繼續愛得更多，很可能會給對方沉重的壓力，讓彼此喘不過氣來，完全喪失了愛情的樂趣。

　　當妳成為不速之客涉入別人領地時，當妳久久占據別人心裡空間，阻礙別人自由出入時，愛又會成為侵犯，造成傷害和侵犯的感情，不僅變形，而且變質，因為那已經不再是愛。

　　為自己和對方留一點時間和空間，各自發展與提升，好的夫妻，即使長期生活在一起，也應該有相敬如賓的一面。越是親密愛人，越要遵循「己所不欲，勿施於人」的原則，這樣，彼此的關係才可能和諧自然。

　　如果妳也正在為愛迷惘，或許下面這段話可以給妳一些啟示：愛一個人！要了解，也要開解；要道歉，也要道謝；要認錯，也要改錯；要體貼，也要體諒；是接受，而不是忍受；

是寬容，而不是縱容；是支持，而不是支配；是慰問，而不是質問；是傾訴，而不是控訴；是難忘，而不是遺忘；是彼此交流，而不是凡事交代；是為對方默默祈求，而不是向對方訴諸眾多要求；可以浪漫，但不要浪費；可以隨時牽手，但不要隨便分手。

　　妳懂得如何去愛了嗎？

▌閨密，妳有嗎

　　愛情很重要，但是友情也同樣重要，它也同樣需要經營。在愛情裡，在婚姻的生活中，妳還是不是妳自己，有一個最簡單的方法，那就是問問自己，妳還有沒有屬於自己的朋友，不是同事，不是孩子的同學的家長，不是男朋友或者老公的朋友，而是妳的朋友！當妳和她們在一起的時候，妳只是妳自己，不是任何人的妻子，母親。

　　男人們總是希望妳把全部都奉獻給他；每個愛情都希望能是一輩子的事。但如果有一天，這愛情若被抽離掉，恐怕能陪妳收拾這房倒屋塌的殘局的，還是妳的老朋友。獨自一人的時候，確保還能有閨密為妳端茶送水。而不是聲嘶力竭地號叫問為什麼，說愛妳的那個人不能來陪妳。

　　試想，當不上網，沒電話，在傷心落淚、痛苦掙扎時，還有誰會發來訊息詢問妳，靜靜陪伴妳，努力為妳排遣減

壓、修補傷口？還有誰還會成為自己的避風港呢？

友誼，可以照亮著暫時的黑暗。美麗的閨密，卻是上蒼賜予的額外禮物。

專家認為，一個人如果沒有幾個聊得來的朋友，將會影響健康。這種影響首先從人的心理開始，進而能影響到人的行為和身體健康。

有人分析了大量採訪資料，得出的結論是：有些人無家可歸、婚姻失敗或暴飲暴食，因為他們缺少友情。此外還發現，如果某人最好的朋友飲食習慣健康，那麼他自己飲食習慣健康的可能性要高 5 倍；心臟病患者如果沒有三四個關係親密的人，死亡可能性是其他心臟病患者的兩倍。

有個大學畢業的女子，她的朋友幾乎全是嘰嘰喳喳的女人，雖然吵鬧得令人頭大，可是真的令人羨慕。許多人到中年的婦人，午後一起喝茶吃點心，彼此陪伴參觀博物館，逛畫廊，愉快地消磨掉半天。

真正陪妳變老的，是妳的朋友。就像一次老朋友的聚會，她們依然美好，即便皺紋爬上了她們的臉，但這沒關係，哪有朋友嫌棄朋友老的，不然要朋友幹嘛？

要記得，當妳四十歲的時候，年輕時候的狂蜂浪蝶都離妳而去的時候，當妳遇到一個爛男人的時候，只有妳的朋友，才會把她們同樣瘦弱的肩膀借妳依靠，才會擋在妳的面

前，對著那個男人大聲地喊「NO！NO！」。只有妳真心的朋友，才會不管多晚都接妳的電話，聽妳哭訴，橫穿半個城市來陪妳過節；只有妳真心的朋友，才會不嫌棄妳到了四十歲還沒有找到真愛；才會告訴妳，五十歲的妳依然可愛，她們為妳感到驕傲。

有一女士說，7年來我只用一個理髮師Q。4年前Q換店了，她也跟著Q一起換店，每次去Q的店要換兩趟車。可是把頭髮交給她就很安心，Q懂她的喜好、臉型、髮質。7年來Q從未讓她失望過。她也從來沒有令Q失望。除了偶爾就近做頭髮，7年來從沒讓別人剪過髮。真乃是男朋友可換，理髮師絕對不能輕易換。朋友就像自己的理髮師一樣，絕對不能輕易換。

真正的朋友是即使妳做了別人的情人，只要妳真的愛他，也沒什麼多說的，也支持妳。困了累了倦了，到她家，她陪妳誇他罵他咒他，視妳情緒而定，再給妳個擁抱，洗洗睡，明天還要繼續陽光燦爛。

人一生一定要有一個知己，真正的知己。因為到頭來只有朋友不會背叛妳。即便漸漸年長老去也是一件愉快的事，平穩親和的氣氛不到那個年紀沒辦法擁有。

互相陪伴分享不能和情人說的話，即便反反覆覆她也不會取笑。一起不顧形象的大笑，遇到問題時一起解決，即使

一起哭泣，一起脆弱，也不覺得羞恥。那真的是比愛情還可靠萬倍的存在。

一起大笑，一起瘋狂，一起擁抱，輕輕地抱抱對方說：「一切都會好起來的，相信人生總有美好！」

一起變老，每過一年，一起慶祝，笑著對對方說「恭喜妳，妳越來越有魅力了！」

有了閨密，人生也就不會那麼孤單。

▌不要把自己當保姆

有許多女人立志做個賢內助，為了男人的事業發達，什麼事都不要他做，甚至連毛巾都不要他洗一次。好像老公不是老公，反倒是家裡的一尊菩薩；好像家庭不是兩個人的，是妳一個人的義務。不反對妳做個賢妻，可是那個男人對妳的付出就心安理得嗎？他會心疼妳的付出嗎？妳生病他不關心，妳傳的訊息他不回，這叫正常嗎？如果是哪個上司哪個美女發的，他會不理嗎？男人的惰性、對妳的忽視，就這樣被妳培養出來了。妳還不以為然，妳以為妳很高尚，妳的權益被妳自己忽視省略。到哪月哪天，妳撐不住了，責問他的冷漠，他會回妳一句：不是一直都這樣的嗎？能把妳噎個半死。男人變心都有過程，妳可得小心了，不要太放任自流。男人本來就崇尚自由，妳再放縱，他再得寸進尺，這就離質

第八章　愛情需要加點自愛才美味

變就不遠了。

一個打工妹小娟這樣講述了她的故事：

因為教育程度不高，只能找勞力工作，幾年後才穩定下來。在一家餐館當服務生，每月有兩萬多的薪水，雖然收入不算多，可是能夠自食其力，我已經很滿足了。

然後與做保全的小磊戀愛了。熾熱的愛，讓我們頂住了壓力。

父母常打電話問我交男朋友了沒，我就把和小磊的事和他們說了。當我說帶小磊回家時，父母默認了我們的關係。我們的愛情步入了前途光明的坦途！

得到了家長的認可後，我和小磊訂了婚，然後在外面租了房子。為了有更多的時間守在一起，我們都辭掉了原來需要熬夜的工作，我開了一個小店，而小磊暫時找不到適合的工作，就先歇一陣子，我心疼他，不願看他太辛苦。

小磊當保全時，晚上值班，白天時經常去網咖玩，現在白天晚上都沒事做，他就每天都泡在網咖裡。我起早貪黑地賣了一天菜，中午時還要送午餐給他，否則他會在網咖裡忘了吃飯。晚上到家家裡時常沒人，我還得去網咖找他，等到他玩夠了玩累了，我們才回家。

晚飯後，躺在床上，望著小磊的背影，我總是委屈地問：「小磊，妳是不是嫌棄我了？是不是不愛我了？」

「沒有，快睡覺吧！」小磊頭也不回，也不再有第二句話。

過了一段時間，我發現自己懷孕了，心中不由得一陣驚喜，趕忙告訴小磊：「我懷孕了，我們結婚吧，一家三口，多麼幸福的生活啊！」可小磊卻堅持不要孩子，理由是他還小，根本就養不起孩子，而且他也沒打算現在就結婚。孩子不能留，結婚，要等到他年齡大一些才可以！

我哭了又哭，求了又求，一個 30 多歲的女人，這麼多年來，懷個孩子不容易。可最終，我還是沒能保住我生命中的第一個孩子。做完流產後，小磊就把我送回父母家，他則回他的老家去了。

那時，母親流著淚為我做好吃的補身體，父親最常說的話就是勸我死心。

還好，走了不到一個月，小磊回來了，只是他變得越來越沉默。是不是因為和我在一起，他的心裡已經有了悔意，才變得如此落寞寡歡？還是因為他性格的深處本來就是這個樣子？我已不敢想這個問題。只要他不提出分手，或者主動離開，我想我是無法主動離開這個男人了。

養好身體後，我們找了同樣的工作，在同一家洗車店工作，一日三餐一起吃，晚上一起回到租住的屋子，表面上看來像普通夫妻一樣。但我不敢想他的心裡在想些什麼，不敢猜測他明天會有什麼打算，不敢預料在某一天，他會突然離開我！

第八章 愛情需要加點自愛才美味

　　我只是安靜地陪在小磊的身邊，為他洗衣做飯，照顧他、呵護他，在他的生活中，我像母親，像大姐，傾注著我心底那份深深的愛。

　　我再沒有向小磊提起過結婚的事，我覺得，結婚是妳情我願的事，不應該是誰逼迫誰的結果，我耐心地等他主動提出來。但在寂靜的夜裡，我經常會被噩夢驚醒。每一次夢裡，小磊都穿著結婚禮服，臉上是幸福滿足的微笑，手挽著年輕漂亮的新娘，走在紅紅的地毯上。而那新娘，永遠都不是我。

　　沒必要以愛他的名義「賤賣自己」。別把自己太當人，也別把自己太不當人了。

　　督促男人盡他的家庭義務，夫妻義務，是防微杜漸，是行駛在正常軌道上的必要。不是苛刻，不是為妻的偷懶，這是在提醒他是老公，不是住旅館。男人像孩子，可不能慣著，慣壞了就生反骨了，妳還不知是從哪一天開始的。可以少做一點，但不能讓他認為在家沒他的事，聰明女人知道如何拿捏分寸。

　　所以，女人可以專一，可以深情，可以執著，但要珍惜妳的付出，不是付出得越多越好，要有自己的原則底線。妳要活出自己的精彩。男人生病時妳悉心照顧他就行了，不要把男人當成妳的天。付出多了就失去了自己，這反而讓男人輕視妳。

自尊自愛，自立自強，自我完善，有張有弛，才能讓自己的天空不下雨，就是下雨了，也還有一把妳的小傘握在妳手裡。

▌分手了就灑脫一些

許多戀愛中的人會迷失自己，找不到自己，結果卻是一敗塗地。有的人聰明地把自己藏在愛情背後，收獲滿懷的溫馨與幸福，有的人為了愛人願意付出自己的生命，為了他可以不要全世界，還是有他陪伴著的日子天天永恆？如果說杰剋死後，露絲也跟著沉到海底，那麼就沒有了那感人至深、賺了女人無數淚水的《鐵達尼號》。愛情的意義不是讓一個人為另一個人犧牲，而是必須有兩個人的共同付出才能彼此幸福。

有一本書說，一個人無論他陪妳走了多遠的路，最終他還是會和妳分開的，畢竟很少有那些同一時刻出生的人，而且能一起走到老的人，不但有感情中的離別，還有現實的生與死的離別。如果妳能這樣想了，妳即使和他分手了，妳也不會那麼傷心，反而會祝福對方幸福。如果到老了哪天又相遇，將會有另一番滋味在心頭。

傷口，是愛的筆記，裡面記載的許多內容是需要我們用一生來忘記的（或許只有死亡的那一刻才能真正忘記）。能夠相伴一生的情感，難道不值得珍惜嗎？痛苦是人生一筆

第八章　愛情需要加點自愛才美味

重要的財富，不要輕易踐踏；曾經愛過我們的人，前世一定和我們有緣，不要用話語虐待。如果他今生真的負了我們，那是因為我們前生負了他，紅塵輪迴，無需計較。就像我哭著出生，大家笑了；我微笑著死去，大家都哭了。一切都是輪迴。

當感情走到最後，如果一定要分手，就該灑脫。因為，苦苦糾纏是不會有結果。其中一方不肯放手，苦苦糾纏，更是痛苦。貶低了自尊，傷透了心，留下萬劫不復的創傷，用盡所有的力量，看著挽不回的愛情越走越遠，才知道什麼叫做情何以堪。

一段感情走到盡頭，我們沒必要傾倒無情的口水來證明我們被拋棄的痛苦和無辜。如果那樣做，能讓我們的傷口好得快一點，讓我們的心理平衡一點，讓我們重新找回自我的時間縮短一點，妳就閉著眼做。

分手了，就不要再打電話給他。與其這樣拋了自尊授人於笑柄，不如乾脆地放手。他若愛妳，不會忍心看著妳為他心痛為他流淚，不會忍心看著妳受這樣的委屈。唯有不愛，才能狠得下心來，根本不會體諒妳撥電話時內心的期待與焦灼，痛苦和掙扎。他當然知道妳此刻焚心似火，可是他已經沒有相對應的熱情來回應妳。說不定，他身邊另有佳人在懷，也難保他不會向身邊的人炫耀：「瞧，這個女人，都說

分手了，電話我都不接了，她還要怎樣，真是不可救藥。」

　　愛情結束，記得放手，以最優美的姿勢。被辜負的苦楚，最多的回報只能是一臉的無辜。

　　誰都知道，相愛總是簡單，相處太難。相處久了，烈焰激情自然會歸於平淡。而愛情與平淡，本來就是一胎孿生。這樣一來，在兩個曾經相愛的人之間發生悲傷的故事，也就不奇怪了。

　　愛情就像一根橡皮筋，相愛的時候兩個人把它拉得緊緊的，不愛了，任何一個人先放手，留下的那一個肯定會被橡皮筋反彈回來狠狠擊痛，索性在他放手的時候，妳也同時鬆手。

　　別再說妳最愛的是他，人生還很長，誰也無法預知明天，也許妳的真愛還在下一秒等著妳。說分手的時候也不要吵鬧。畢竟兩個在一起過，分開他也會難過。只是他比較明智，不想束縛妳的或他的明天，好聚好散，以後還是朋友。大家都有自己的無奈。

　　別把哀傷掛在嘴上，每個人都有自己的故事，活著不是為了懷念昨天，而是要等待希望，讓大家都看到妳的堅強，離開他妳也可以過得很好。

　　別給同一個男人兩次傷害妳的機會。有些事裡別太在意，誰都要經歷的。最重要的是透過這一次妳總結到了什

第八章 愛情需要加點自愛才美味

麼，同樣的錯誤要是犯兩次那就是妳自己的不是啦。要懂得保護我們心中柔軟的感情和自尊。

愛物質，可以，但要適當。應該永遠知道，精神才更重要。比那些名錶，名牌，時裝，更加美麗的是妳自己。

相信愛情。相信好男人還存在，還在茫茫人海中尋覓妳。

第九章　經濟獨立是自愛的基礎

　　試想一下：如果妳身無分文處在一個陌生地方，妳
會怎麼辦？也許除了低聲下氣尋求幫助外，別無他法。
沒錯，在普遍情況下，金錢幾乎是一個人最強大的後盾
和支撐。

　　女人只有經濟獨立，才能不受經濟因素的束縛，才
能使自己愛得自由 —— 不會為了錢而接受原本不想接受
的制約條件。這樣一來，就有了說「不」的自由，有了
自愛的底氣和後盾。所以說，經濟獨立是自愛的硬體。

第九章　經濟獨立是自愛的基礎

▌經濟獨立才更有自愛的底氣

　　即使是現在，也有很多女人願當「家庭主婦」，整天大門不出、二門不邁，跟社會完全脫節，靠丈夫養活，覺得自己的責任只是在家相夫教子，辛苦打拚是男人們的事，在目前世界拚命發展的狀況下，這種想法很危險。

　　一位女人戀愛後，男友成了唯一的經濟來源，甚至連每個月經來要買衛生棉的錢，都要低聲下氣地跟男友伸手。可以設想，如果男友變心分手了，這位朋友該怎樣面對生活？這種情況下，試問一個女人還怎樣保持美好的自愛？不要說自愛了，恐怕連女人最基本的美好都得消失殆盡了 —— 連最根本的尊重都沒有保障，談何美好，談何自愛？

　　在當今世界，女人在經濟上的表現已經有了很大進步，然而卻還是走得不夠遠。雖然也會有女總裁經常出現在雜誌封面上，但很多女人還是忽視了自身應該承擔的經濟責任，仍然把家裡的經濟收入寄託在丈夫身上。更有女人天真地認為，男人完全可以管理好家裡的財政，而且相信父親、兄弟或丈夫都比自己厲害，自己萬一有什麼狀況，總會有他們來接濟。

　　前兩天，一位朋友的鄰居要買房。這家有六口人，只有父親一個人工作。結果父親突然「下崗」，房子的貸款付不起了，為了不讓銀行收回，不得不立刻賣房。如果這家的女

主人也有工作，也許不至於搞得這麼慘。受金融風暴的衝擊，這種例子甚至在美國也屢見不鮮。

美國主婦茉蒂·瑞斯尼克（Judy Resnick）在《女人要有錢》（*I've been rich, I've been poor, rich is better*）這本書裡強調：「女人要青春，要美麗，要遇見好男人，更要自己有錢才會有幸福。」從來不替自己的未來生活做打算是很危險的事。她在書中一再強調：「聰明的女性尋覓的是一個溫馨和充滿關懷的伴侶，而不是長期飯票。」她說：「女性必須認識到，白馬王子早在 1950 年代就絕跡了，而且現在的職場不是一個公平競爭的地方，如果女人完全依賴別人，最終吃虧的還是自己。」

總而言之，女人的經濟獨立無疑是非常重要的，只有在經濟上取得獨立以後，才能在感情和人格上實現真正的獨立。工作讓女人有了展示自我的空間，經濟讓女人擁有了追尋夢想的資本。女人經濟獨立，就不需要在婚姻和「飯票」之間畫等號了。有了獨立的經濟來源後，不管是成家還是單身，都會使自己輕鬆快活、揚眉吐氣。

只有經濟獨立，才是幸福婚姻的保障，才是快樂生活的保障。金錢雖然不是萬能的，但沒有金錢卻是萬萬不能的！

讓我們都做一株美好的木棉樹吧，只有這樣，我們的所有的美麗才有了底氣，才有了幸福的資本，也才能有了自愛的姿態。

第九章　經濟獨立是自愛的基礎

▌戀愛中的女孩就要開始經濟獨立

　　上大學時，玲認識一個男友。當時的他已工作，常對玲慷慨解囊，幾乎承包了她的學雜費和生活費。同學無不羨慕玲有了個如此體貼的男友，玲也很知足。但是，隨著男友對她資助增多，對她要求也與日俱增，漸漸地干涉起她的人身自由。玲無法忍受，稍有反抗，男友竟說：「妳是我花錢供的，還敢不聽話？」玲不堪此奇恥大辱，一氣之下，借錢還清了男友為她支付的錢，並與他從此了斷，並發誓從此再也不花男人錢。

　　我們生活在一個男女平等的時代，不管是感情上還是經濟上，所以不該以為自己作為女孩子，就可以過多依賴對方。和男朋友出去吃飯，隔三差五都應該自己主動要求買單，這樣就不會讓他有太多的經濟負擔，自己也可以在這份感情中變得更為主動。而這樣做的結果就是，女人在男人眼裡地位有所提高。

　　不要總要求男朋友給自己買禮物。如果看到有適合他需要的禮品，也要在第一時間想著要送給他。縱使自己很喜歡花，很喜歡女孩子都喜歡的那種小物件，逛街時候也盡量自己買下。做這樣的一個女孩，會很容易得到更多的疼惜和尊重，這樣得來的愛情也能來的比較持久。

▌經濟獨立在家庭才有地位

有一位朋友的母親，從年輕的時候就為家庭辛苦操勞，忙到沒有時間培養自己的興趣與專長，也很少出國旅遊散心。她原本以為等到三個孩子長大成家後可以享享清福。但是，三個孩子的家也只是小康家庭，手邊沒有任何存款的她，只能幫忙帶孫子換取養老的生活。雖然溫飽不成問題，含飴弄孫也很愉快，可手邊就是不寬裕。有一天，她需要一些錢包紅包給自己的朋友，她的媳婦隨口問了她一句：「要做什麼？」雖然說者無心，但總是讓沒有存退休金的她，有種抬不起頭來的感覺。

只有經濟能獨立的女人，才能在丈夫、孩子、家人與朋友面前都抬得起頭來。因為有了獨立的經濟能力，生命才能夠有活力，才能夠實現自己的夢想。女性爭取經濟獨立的目的，不是在爭取家庭財產的控制權，而是不成為別人的負擔與拖累。

很多女性一生只會運用一種理財方式，那就是希望尋找一張可靠的「長期飯票」，認為自己的將來必須依附在先生的身上。但是這種長期飯票，還是有很大的風險，除了要考慮飯票的「有效期限」之外，也要承受當初靠外表吸引「飯票」的「折舊」風險，婚姻當然不是未來絕對的保障。

有一項數據顯示，美國女性離婚後得到贍養費的機率只

第九章　經濟獨立是自愛的基礎

有 15%。想想看，職場「終身僱傭」的觀念都已不現實，更何況那些婚姻幸福的女人，也有可能單獨面對現實人生。因為，女性普遍比男性長壽 8 ～ 10 歲，年老守寡也是常有的事。在打造自己未來的人生規畫時，有風險就是高風險；加上當婚姻破碎時，金錢糾紛很容易就會導致男女雙方惡言相向，而受害的一方，往往就是沒有經濟能力的女性。

何苦將一生的經濟需求都放在一個人的身上呢？

其實，女人除了力氣比男人小，其他方面並不比男人差。古代女人一旦嫁給男人就成了丈夫的附屬品，不需要承擔經濟壓力，所以沒有什麼地位可言。那時候，女人沒有自己的收入，只能依靠男人，但是現在的社會，女人的權利基本上和男人一樣了。當女人談婦女解放時，不要忘記自己應該承擔的經濟責任。男女交往，不是非得由男人買單，房子也不是一定得要男人來搞定。

唯有經濟獨立的女人，才有可能得到男人真正的尊重。否則，男人在買單以後，就自然而然地生出支配欲望。女人應該具備養活自己和家人的經濟獨立本領，為自己營造出能滋潤祥和的生活環境，這樣才可以在愛情上從容一些、灑脫一些，才不容易被男人看輕。

還要記住，女人有錢，不光只是為了追求享樂、為了擁有名牌包包，而是要維護自己的尊嚴。懂得理財就可以不必

當錢的奴隸，就能決定自己的生活品質。當然，絕對不能為了金錢而不擇手段，只有這樣，人生才會由自己做主！

記住吧！想做一個自愛的女人，婚後不論男人權力多大，財力有多豐厚，都不能依賴男人生活，不能沒有經濟獨立。

▍經濟獨立也是愛他的表現

俗語說：錢不是萬能的，但沒有錢是萬萬不能的。有時候，連夫妻之間，談錢也一樣傷感情。

阿蘭已經記不清這是第幾次跟楓因為錢的問題而爭執不休了。分居的日子裡，經濟總是各自支配。每個女人都很喜歡花錢，只是有錢的女人花得更厲害一點而已。

阿蘭從來就不是一個拜金主義者，也不曾為錢而累，世間的金錢是賺不完的，只要自己肯付出，但現在，金錢卻買斷了阿蘭的快樂。

痛了很久，阿蘭決定就錢的問題跟楓攤牌。

阿蘭：「親愛的，如果不是因為錢，我們應該是多麼幸福恩愛的一對呀！我想了好久，我們還是各存各的錢吧。不要再讓錢左右我們的快樂了，好嗎？」

楓：「我娶了妳做我老婆，我就要對妳的一切和這個家負責，妳嫁給了我，就要對這個家負責，而不是要妳跟我討論男人和女人的問題！」

第九章　經濟獨立是自愛的基礎

　　阿蘭：「我是嫁給了你，不是賣給了你！你搞清楚，我不是你的奴隸！我有自己薪水的自由支配權，我現在正式向你宣布：經濟獨立！不過，家中有需要用錢的地方，我一樣會資助的。」

　　說過這些話，阿蘭並不後悔，心裡還感到前所未有的輕鬆！

　　經濟獨立，是女人的自信！女人可以不依附男人而生存，但女人卻始終離不開男人，女人能夠依靠自己的智慧而存活，為心愛的男人減輕沉重的生活負擔，這也是愛的表現。

　　試想，經濟基礎決定上層建築：老婆一旦有自己的經濟來源了，才會在真正意義上和老公叫板，要平等，實現家庭民主。

　　這樣一來，收入增加了，為以後小寶寶多賺奶粉錢，減輕老公的賺錢壓力；自己看中某件奢侈品，也有咬牙跺腳買單的裁定權。不必一邊狂刷老公的卡，一邊絞盡腦汁想晚上次去怎麼交代。人靠衣裝，女人怎麼能不花錢打扮自己呢？嫁了老公，總不能扣自己的脂粉錢買菜煮飯吧？妳為家盡心盡力，不懂得打扮自己，到頭來，老公反倒嫌妳真成了黃臉婆了。

　　夫妻生活之所以更融洽，那是因為自己每月都有收入。如果事業小有成就則更好，至少能看到自己的價值不僅在做

妻子當母親的角色上。女人在外面忙，能接觸新鮮事物，自己也不會變得越來越陳舊過時。老婆在外面忙，老公也會想著老婆，兩人都在外面賺錢，難得有時間快快樂樂聚在一起，還不甜蜜蜜。

男人是家中的梁柱，女人是家中的半邊天，男人與女人共同努力奮鬥，才能營造出祥和幸福健康的家庭，只有雙方同心協力、理解至上、寬容至尊，才會彈湊出人世間最和諧的旋律、最美妙的樂章！

▌只有經濟獨立才能活出自我

隨著時代的發展與進步，女人已從以往的男人附屬品轉到現在的獨立個體，女人在各行各業嶄露頭角，而且和男人一樣能創造同等的價值。女人經濟獨立了，不必擔心自己的生活，也不用靠男人來養活，更不用看男人的臉色，在自己的計畫以外想怎麼活就怎麼活。不要浪費短暫的生命，無論美與醜、胖與瘦，天天高興、開心、健康才是最真實的生活。

女人只有靠自己才能活出自我，靠青春、靠容貌、靠身體、靠當別人的「二奶」只是一時，只有經濟獨立，才能自立、自強，才能更好地展現自我。 妳有多少真金白銀的資產並不重要，但「有錢」必須是在經濟上不依賴任何人，完全可以主宰自己的未來生活。在現代社會，金錢不只是流通的

第九章　經濟獨立是自愛的基礎

工具，同時它還代表著一個人的自由和生活保障。

　　或許，女人要到 30 歲後才發現，只有經濟獨立才能真正給自己安全感，才能活出真的自我。

　　阿諾對房子的酷愛是從三年前那場失敗的戀愛開始的，在那以前，阿諾一直以為只有那個男人才能給阿諾一個家。

　　大學沒畢業的時候阿諾就戀愛了。在他的甜蜜承諾裡，阿諾和他訂下了公寓。想到未來終於有一個地方可以自說自話，阿諾抑制不住地興奮。雖然房子還在圖紙上，阿諾卻已經開始構築明天家的藍圖。看著樓一天天地壘高，阿諾卻疏忽了身邊的男人。婚期在臨近，房子也快交付了，在一切順理成章的時候，他卻告訴阿諾，他愛上了別的女人。

　　那一年，阿諾 27 歲。沒有了可以為之奮鬥的目標，日子在無盡的黑暗中度過，不斷地靠「血拼」來發洩自己的無望，直到一次無意中看到的房地產廣告：「忘了他，開創新生活。」將這句話在心裡默念了幾天以後，阿諾決定繼續分期付款買房，儘管當時的工作只有很少的薪水。成為「房奴」後，阿諾好像並沒有太大的不平靜，感覺只不過是透支買了一個大件商品。

　　麻雀雖小，五臟俱全，小房子裝潢以後也很有家的味道。每當阿諾情緒不好的時候，阿諾便會邀若干密友來家裡住上幾天，讓自己調劑一下。房子不但給了阿諾安全的空

間，更滿足了阿諾對一個溫馨的家的渴望。

一年後，阿諾的愛情雖然還沒有揭開新的篇章，而房子卻意外地升值了，如果出手，阿諾至少能賺 50 萬元！真想不到因為經濟獨立，她的財產居然也升值了。

其實，就算不是刻意忘卻，傷心和愛情都會過期，而房子不會。如果說第一次買房的初衷是消費的快感和療傷的需要，那麼此後，便是阿諾真的過上了獨立帶給她的新生活。後來，阿諾很快賣了那套房子，開始物色另一處更適合自己的住宅。

阿諾發現一套好房子與一個好男人其實有無比的相似：具有觀賞性；是風雨中的棲息之地，無限期地提供保護；沉默不語，安靜如山；最重要的是功能齊全，具有實用性。

不同的是，好房子比較容易尋找，而且始終不離不棄；妳可以隨心所欲地把它塑成自己想要的樣子，只要多花一點時間對待它，它就能給妳無比溫暖的懷抱；而當妳不滿意，還可以隨時更換；當然，還要再加上增值帶來的意外收獲。

▋最好一直都有工作可做

一位可口可樂的前總裁說：「人都像小丑，手中玩著五個球，這五個球是：工作、健康、家庭、朋友、靈魂。而這五個球只有一個是用橡膠做的，掉下去會彈起來，那就是工

第九章　經濟獨立是自愛的基礎

作。另外四個球都是用玻璃做的，掉下去就碎了。」事實上，在目前經濟不景氣的形勢下，連工作都是玻璃做的，作為家庭經濟支柱的男性都覺得壓力很大。但如果女人和男人都拿著球，一個破了還有另一個，就能避免家庭經濟破產，」

女人有自己的經濟來源，才能從家庭瑣碎中脫離出來，走到社會上，像男人一樣競爭，取得經濟和政治地位。即使沒有愛情的滋潤，也不會像斷線的風箏般飄蕩在無垠的曠野裡。有了經濟上的支持，就能滿足物質上的需要；物質富足，自然會使女人考慮精神上的需求，於是隨心所欲地交友、讀書、娛樂，充實自己的生活。讀書可以明智明理，豐富自己的內涵；交友可以讓生活變得更多彩，開闊視野，驅走寂寞；娛樂，可以讓人忘掉一切不順、落寞、孤單，讓自己幸福起來。

女性對職業的追求和努力工作，不僅僅是謀生的方法，更是內心價值的表現。也許我們無法像男人一樣打拚闖蕩，但至少應該有自己的工作，能夠養活自己。這樣，我們就會對自己更有信心，覺得自己有價值。

女人在婚後一定要有自己的工作，有一定的經濟收入，在家庭中才會有一定的地位，在社會中有自己的社交圈，才不會失去以往的魅力。即使被男人拋棄，也不會因為沒有經濟來源而苦惱，沒有社會地位而憂鬱。

有些女人雖然提倡男女平等，但往往在經濟上又覺得男人應該是頂梁柱，自己以弱者身分自居，於是經濟上的壓力就由男人一人承擔。這也是錯誤的觀念。

如果不講求經濟上的平等，我們所要求的男女平等就是畸形的，說穿了就是什麼都站在自己利益上思考問題，而不是站在公正的角度思考問題，更不用說換位思考了。

美國人消費，男女都是 AA 制，越來越多的女人覺得買房子也是雙方的事情，不是男人一個人的責任。在她們看來，女人如果在經濟上還附庸男人，那永遠都不可能平等。

所以，女人和男人並肩做家庭的經濟支柱，才會有利於婚姻。只有夫妻共同經營家庭，才會使感情更牢固，才能有益於家庭的穩定和幸福。

▌樹立理財意識儘早學會理財

女性應該儘早學會開始投資和理財。越早起步，成功的機會越大，越早開始充實財經方面的常識越有利。這幾年，媒體一直致力於推行理財教育，因為，理財已經不再是少數人的課程，而是每個人都應該具備的生活態度，是不管男人、女人、老人，還是小孩，都應該具備的常識。

即使婚姻幸福的女人，也難保什麼時候會單獨面對人生，因為男人在外奔波總是有風險的，年輕守寡的事也時有

第九章　經濟獨立是自愛的基礎

所聞。女人總覺得這一天永遠不會來臨，缺乏居安思危的觀念，不願意想負面的事情，等到問題發生了才祈求上蒼眷顧。其實，女人如果早些發展自己的事業，學會理財，為沒有依靠的日子做好準備，命運就可以掌握在自己手中。

「強勢理財」不是指女性朋友都要成為女強人，而是在面對個人的財務問題時不能懦弱猶疑，要勇敢獨立地確定自己的理財方向。「強勢理財」是獨立自主的首要條件，因為女人懂得了理財，人生才能由自己掌控。再好的女人也無法在廚房中要求獨立，學會理財才是追求獨立自主的基礎，因此作為自愛的女人應該常問自己這樣的問題——

✧ 我自己還多年輕？
✧ 我自己還可以無憂無慮多久？
✧ 如果有一天發生意外狀況，我有沒有能力自給自足？
✧ 如果有一天必須靠自己想辦法過日子，我有沒有辦法繼續實現自己的夢想？
✧ 如果有一天必須自己撫養孩子，我是不是有這樣的能力？

人們都知道，一個人的收入來源至少有兩個方面：一方面是工作收入，另一方面是理財收入。古人云：「君子愛財，取之有道。」君子愛財，更應治之有道。這裡說的「取」就是賺錢，「治」就是理財。一個人賺錢能力再強，如果不會

理財，到了晚年還會是落地兩手空空，為衣食憂愁。

存錢是理財的起點。收入是河流，財富是水庫，花出去的錢就是流出去的水，只有留在水庫裡的水才是妳的財。要想存好錢，就要一生養成量入為出的習慣。

另外，女性朋友要盡量克制衝動消費，過度的消費會使妳無財可理。信用卡在女人消費的過程中扮演了重要的角色，信用卡是衝動消費的罪魁禍首，它會造成人們的無感覺消費，因此拋掉手中的信用卡是克制衝動消費的一個很好的方法。當然，如果妳認為必要，留一張在手裡也可以，但平時少用它，盡量使用現金付帳，這樣妳就會少花一些錢，多為妳的水庫存些水。

光會存錢是不夠的，還要學會投資，要讓錢生錢，錢生錢才是理財的重點。建議把妳家「水庫」中的錢分成四份：

- ✧ **應急的錢**：應該留出半年到一年的生活費，這些錢以活期儲蓄的形式存放，當然也可以買點貨幣市場基金。
- ✧ **保命的錢**：應該留三到五年的生活費。這些錢可以以定期儲蓄的形式存放，或者部分購買國債。
- ✧ **閒錢**：就是五到十年期間肯定不用的錢，這些錢才可以用來買股票、基金、房地產，以期獲得高收益，當然也要做好虧本的準備。能不能養老關鍵看妳家的「水庫」中有沒有足夠的水。

✧ **買保險**：這裡說的是買保障型的保險，比如意外險、住院保險和定期壽險等等。這樣妳在發生意外損失時，保險公司會為妳提供補償性的財務支持，否則妳家的水庫就有可能決堤了。買保險其實是為了實現財務安全。

▍要獨立，但一定不要孤立

以前，女人總是依附男人而生存，嫁得好與不好，幸福與不幸福都要承受自己的婚姻。現在，女人有了選擇幸福的權利。女人可以有一個穩定的工作，可以投入身心地工作，可以得到相對穩定的收入，有了自己相對寬鬆的生活方式。女人今天的社會地位來之不易，是社會進步所改變的，所以一定要珍惜自己這份自立的權利。

不過，現今的社會仍是以男性為主的社會，雖然越來越多的女人高聲呼喊著獨立宣言，更多的女人單槍匹馬地在社會上拚殺，但結果卻是只有少數的女性朋友取得了成功。我們不難發現絕大多數的女人要取得成功並非如想像中那樣容易。實際上，那些勇於單槍匹馬出來闖世界的女人往往是很獨立的女人，但她們缺少與男人互相合作的意識，事實上她們的這種行為是有失策略的：將自己置身於男人世界之外並沒有好處，這不是獨立，而是孤立。她們因自己過強的自尊心而放棄了許多可以援助她們的男人，同時也為自己的成功

增設了更多的障礙。

　　義大利早期政治家馬基雅維利（Niccolo Machiavelli）論證過，在嚴格的軍事意義下，築堡壘必定是錯誤。堡壘會變成力量孤立的象徵，成為敵人容易攻擊的目標。原來設計用於防衛的堡壘，事實上截斷了支援，也失去了迴旋的餘地。女人過強的自尊心就像堡壘一樣，它可能固若金湯，然而一旦被關在裡面，這個堡壘就足以轉變成囚禁自己的監牢。

　　女人在為自己的目標拚殺時，絕不要孤立自己，大膽接受來自男人的援助並不會讓妳失去什麼，反而會為妳帶來更多的實際利益。女人要想獲得成功必須仰賴社會互動與四處周旋，其中男人的幫助占據更大的比例。女人想要完成自己的目標，必須將自身置於核心地位，接受來自四面八方的訊息。如果固執地依賴越來越小的圈子為自己提供訊息，就無法清楚四周的動靜，不但喪失了機動，更容易成為受攻擊的目標，且孤立使得她們產生偏執妄想。如同在戰爭以及絕大部分策略遊戲中一樣，孤立往往是挫敗與死亡的前兆。

　　在無法確定的危險時刻，女人必須戰勝想要退縮的欲念，反其道而行，讓自己更容易與男人合作，並結成盟友，逼迫自己進入更多形形色色的圈子裡。這是自古以來眾多女性掌權者的獨門祕笈。人類是有社會性的，只有在頻繁的接觸和周旋中，才能鍛鍊出讓自己受歡迎的社交技巧。妳越和

別人接觸，就會變得越來越優雅、從容。離群獨居，只會讓妳的舉止笨拙，導致更進一步的孤立，因為人們會開始迴避妳。

▌做老婆，但絕不做黃臉婆

通常來說，女人不是以個人為中心，而是以家庭利益為中心，具體表現在以夫為貴、以子為榮。在夫妻兩人都可能發展的情況下，傳統的家庭性別分工，往往選擇了在目前的社會資源下，男人更有可能是成功的一方，做出犧牲的往往是女人。這樣，家庭利益就取代了女人本身的價值以及個體意義上的成功。

1980 年代，日本的著名影星山口百惠因主演《血疑》等電視劇而為觀眾所熟悉。她在事業蒸蒸日上的時候與搭檔三浦友和結婚，回歸家庭，相夫教子。這位 13 歲便在歌壇嶄露頭角、15 歲便風靡日本、21 歲便退出影壇的少女，實在是由於傳統的價值觀太強了。自從她退出影壇之後，觀眾和影迷就倍加懷念她，為她的息影感慨不止。她回歸家庭後生活並不幸福，丈夫因經商破產，儘管她賠上了當明星時的全部積蓄，家庭經濟仍陷入困境。這時她打算復出，可是演藝界已新人輩出，支持她的影迷也都由風華正茂的青年變成負擔家庭重擔的中年人，已無暇再談追星的事了。

　　同時，她自己的表演風格已經無法適應新一代觀眾的欣賞品味，於是她再也難以東山再起。多年的影星熬成了婆（黃臉婆），她這張舊船票已無法再登上明星的客船。山口百惠對事業的放棄導致她人生的失敗。這是一個成功的女人由於錯誤的家庭婚姻觀念而走向失敗的典型例子。

　　一隻小蝸牛問媽媽：為什麼我們從生下來，就要背負這個又硬又重的殼呢？

　　媽媽：「因為我們的身體沒有骨骼的支撐，只能爬，又爬不快，所以要有這個殼的保護！」

　　小蝸牛：「毛蟲姐姐沒有骨頭，也爬不快，為什麼她卻不用背這個又硬又重的殼呢？」

　　媽媽：「因為毛蟲姐姐能變成蝴蝶，天空會保護她啊。」

　　小蝸牛：「可是蚯蚓弟弟也沒骨頭，也爬不快，也不會變成蝴蝶，為什麼他不用背這個又硬又重的殼呢？」

　　媽媽：「因為蚯蚓弟弟會鑽土，大地會保護他啊。」

　　小蝸牛哭了起來：「我們好可憐，天空不保護，大地也不保護。」

　　蝸牛媽媽安慰他：「所以我們有殼啊！我們不靠天，也不靠地，我們靠自己。」

　　對於女人來說，「老婆」的身分不是一塊靠得住的殼，只有自己的事業、工作才是真正操之在手的。

第九章　經濟獨立是自愛的基礎

　　自愛的女人在家庭與事業的雙重壓力之下往往能做出最明智的決定，她們信仰「家庭服從事業，事業上的成就可以使家庭生活更幸福」。因此，她們反對女人為照顧家庭而犧牲自己的事業前途，她們認為女人與男人一樣是進取的、智慧的、高效的，工作著的女人永遠是美麗和幸福的。

　　法國女作家西蒙・波娃（Simone de Beauvoir）在《第二性》（*The Second Sex*）中談到，女性經濟地位的不獨立導致了人格的依附，她強調女性走入職場才能獲得經濟獨立。這麼多年後的今天，許多女性已經走進職場了，她們獨立、自信又美麗，她們用自己纖巧的雙手打開了一扇人生之門。

第十章　不懂優雅，難以自愛

　　自愛，不是對人性的壓抑，自愛是收放自如、拿捏有度的智慧。自愛，成就了優雅，讓女人的嫻靜之味、淑然之氣似暗香浮動，讓女人更有女人味。

　　想成為自愛女人，請把自愛作為畢生的修練。做一個自愛的女人，讓自己成為一道優雅的風景線。

第十章　不懂優雅，難以自愛

▌從韓國女人的優雅說起

韓國的女人從小就被教育要平和優雅，結婚要謹言慎行，她們不會輕易與人吵架，遇到矛盾時會巧妙地迴避，不是微笑，就是顧左右而言他，本著不破壞氣氛的原則，與人和平相處。在韓國女人看來，邊走邊吃，吃得滿嘴油光，簡直讓人無法理解。「韓女」提醒妳，不管妳是白領還是藍領，待字閨中也好，初為人妻也罷，身為女人就永遠不要大大咧咧。優雅永遠是女人的最高品味，自愛才能突顯女人的韻味。

女人不僅要有自己的性格、氣質、修養，還必須有自己的風情和優雅。女人的風情，現在已經愈來愈少了，沒有風情的女人和沒有風度的男人一樣乏味；女人的優雅是刻進骨子裡的，不需要如花似玉的美貌，也不需要昂貴的時裝和精緻的化妝。女人優雅的氣質，猶如一杯清茶，時刻放出自己的色和香。

下雨天的書房裡，一書一茶相伴，那是優雅；黃昏的樹蔭下，獨自靜靜地走一段，偶爾看樹葉襯著天空多彩的一角，聽幾聲啁啁鳥叫，那是優雅；清晨趁家人還在酣睡，輕輕走進廚房，為家人做一頓可口的早餐，聞著香味四溢的餐食，抬眼看看窗邊的第一縷霞光，那是優雅；週末孩子和老公出去玩了，妳一個人在家，專心而安靜地打掃房間，最後

把髒衣服都放到洗衣機裡，然後為自己泡杯茶，坐下，面對窗外的街景，身後的洗衣機輕聲嗡鳴，那是優雅。無論是到嘈雜的菜市場買菜還是在幽靜的酒吧買醉，似乎永遠與週遭的世界隔著點什麼，慵懶中又略帶一絲憂鬱，既出世又入世，既奢侈又簡約，她們在心中時尚並優雅著。

優雅的女人，有自己的性格。優雅的女人性格直爽，說話做事從不拖拖拉拉，不但對自己負責，對別人也一樣負責任。這樣的女人從內向外散發的都是高尚特質。優雅的女人，有自己的氣質。優雅的女人僅僅是姿態就與眾不同，就像一罈陳年老酒，越喝越醇，越久越香。這樣的女人不但男人喜歡，其他的女人也同樣喜歡她。

優雅的女人，有自己獨特的修養。優雅的女人在亮麗中包含著優雅，在內斂中蘊含著大氣，有著自己獨特的淡定和自信。優雅的女人，有自己的處世原則。優雅的女人不怕老，能從容地面對歲月的流逝，生活的艱辛和磨難並不會帶給她悲傷，生命的滄桑也不會讓她驚慌失措。面對生活中的困難，她坦然面對；面對生命的坎坷，她會笑對人生。優雅的女人有自己的快樂，因為優雅是女人最重要的魅力之一。尤其是中年的女人，她們用自己的生命滋養了豐富的生活。這時的女人，美麗的容顏悄悄地消失，外在的美麗開始褪色，而這個年齡的女人，從生命深處湧動出來的善良、寬

容、風度等，構成了這個年齡女人最大的魅力。

　　優雅的女人，經歷了風雨，經歷了滄桑，也經歷了坎坷，終於綻放了自己的鏗鏘玫瑰，終於折射出生命絢麗的彩虹。優雅的女人，愛過也恨過，思念過也牽掛過，經歷了撕心裂肺的痛，才有了自己刻骨銘心的愛。優雅的女人，用能力證明自己的涵養，用理想證明自己的魅力，用努力證明自己的成功，用摯愛證明生命的美麗。男人喜歡善良、優雅的女人，不是因為她們外在的美，而是因為她們內在的美。女人可以展現自己的魅力，可以活得瀟灑自如，可以付出自己的真情，可以成為男人的風景，前提卻是優雅的女人必須有自己的底蘊。

　　優雅的女人，高雅純潔，可以欣賞，可以令人陶醉，但絕不可能模仿，因為她們的內心透著真誠的光輝。優雅的女人，讓人們看到了各種潮流的幻變、多彩而歡愉的生活，卓爾不群的精神世界是她們快樂而積極的生活方式。辦公樓的樓道裡輕盈的高跟鞋聲響、電腦鍵盤前歡快地敲打、茶社書店裡鐫遠的書香，在繁華的購物街上非名牌的品味驚鴻一閃；在浩瀚的文山書海裡，那一顆顆在敏感的時刻跳躍著的靈魂。

　　優雅不僅僅是風格，更是心態，是透進骨子裡的沉澱，不經意中的精心，雅緻而不招搖，緩慢而內在。優雅的女人自信而自愛，優雅其實就來自於自愛女人的澄明心智。優雅

是極致的境界，是恆久美麗，洞悉人性，舒逸雋永的性格。的確，美有好多種，除了天然無飾的青春美以外，女人還可以美得很優雅、很成熟、很智慧、甚至很帥氣。想辦法使自己成為一個優雅的女人吧，為自己也為別人留一份韻味。

▎自愛的女人最優雅

　　自愛是高雅的人的素養，也是傳統的觀念中的優秀特質。通常有內涵的人，他的生活字典裡不可能少了自愛兩個字，尤其對女人來說更為重要。那麼何謂自愛？在我看來，自愛是一種羞澀，也是一份清高，是對自己的愛護和尊重。那是做人的一種優雅高貴的境界，正因為有了這樣的自愛，才使人覺得他是個有氣質有涵養的人。

　　女人的自愛是一道亮麗的風景，因為自愛的女人是婉約的和高雅的，自愛的女人低吟淺笑間，總能讓人感覺到賞心悅目的溫和。自愛的女人內斂而深邃，她也許沒有表現出浪漫，卻在目光流轉的神思裡，穿越浪漫的骨髓，妳能說她不懂浪漫嗎？只不過自愛女人表現出的浪漫，是要那些懂得欣賞她的人才能領略到的。但這並不能說明自愛的女人就是木訥的，是沒有熱情的。她的熱情與浪漫，是為了期待那個能讀懂她的人而綻放的，正因為她不隨處綻放她的浪漫，所以她才顯出自愛。

第十章　不懂優雅，難以自愛

　　自愛的女人是傲氣的，卻並不冷漠；自愛的女人也許有點冷，但也不失當前流行高冷的感覺，自愛的女人並不落伍，她也懂得時尚，懂得如何在傳統與新潮的流行中遊走。對於該保持的傳統，她絕不會輕易放棄；對於該放棄的所謂時髦，她也絕不留戀。所以說，女人能保持一份自愛，就是幫自己增加了一份美麗與魅力。

　　自愛是什麼？自愛應該算是修養吧？應該可以理解為行事不張揚、外表嫻靜、內心堅強；文靜而不呆滯、冷靜而不孤傲、清高而不冷漠；有羞怯、有莊重、有涵養、有素養、高雅、嚴肅、柔弱而不失傳統吧。自愛是怎麼產生的？自愛應該不是與生俱有的，而應是在特定的條件下、在特定的成長環境中、在傳統的束縛和家庭背景的長期薰陶以及個人的藝術修養中鍛鍊出來的吧？

　　自愛的女孩神祕、含蓄；自愛的女孩往往和人們保持著若即若離的距離，而這種距離往往就像霧裡看花，讓人看不清她、猜不透她、摸不著她，便會產生朦朧、隱約、神祕的美。

　　糾纏在世事、人情、浮華的人際關係裡或是情感的糾葛中，一個女孩若能保持得體的、自然的個性自愛，那她的自愛幾乎便是超凡脫俗，而這種超塵脫俗的自愛，就是一個女孩內心的內涵、積聚的知識和長期的修養。這樣的女孩，會

淡然面對金錢和物質的誘惑；她不貪慕虛榮，不為任何誘惑所動，不會在物質的生活中迷失自己、雪月風花。對別人的邀請、饋贈，她懂得婉言謝絕；她知道什麼該做什麼不該做；她懂得自尊、自愛、自重；她鎮靜自若、不卑不亢，會以平常人的心態對待身邊的人和事。如果說她是一篇〈愛蓮說〉中那出淤泥而不染、濯清漣而不妖的出水芙蓉，可遠觀而不可褻瀆；那麼她更像冬天裡的傲霜寒梅，冷豔、孤傲、超脫群芳，供人欣賞、令人敬畏、讓人珍惜。想走近她的世界，卻只能敬而遠之；想看清她的面目，卻總感到她像遠山的迷霧、煙雨迷離。

自愛，不是見了幾次面就說「相見恨晚」，也不是交流了幾次就以為「知己難尋」，自愛的女孩，不會隨便談「情」說「愛」，也不會隨隨便便理解那幾個意義非凡的字：愛恨纏綿。而是把柔情幾許、愁緒絲絲埋藏在心底；或是透過答答作響的鍵盤，將滿腹的幽怨和心事埋藏在字裡行間。

自愛的女孩其實也有浪漫，只不過顯得有些婉轉罷了。在目光流轉的神情裡，在優雅的言談舉止間，在工作中，在友情裡，她會把這種浪漫一直保留到和丈夫耳鬢廝磨、相濡以沫。而這種浪漫，只有懂得她自愛價值的人才會慢慢欣賞，細細品味。

自愛的女孩內在最美。自愛是女孩的外表與內涵兩個相

第十章　不懂優雅，難以自愛

互依靠的支撐點，她懂得如何讓自愛把自己變得美麗，懂得如何讓自愛展現自己的智慧。很多時候，欣賞一個自愛的女孩，就像欣賞一道優雅的風景。即便是在「月如鉤，寂寞梧桐深院鎖清秋」的夜晚，當她「無言獨上西樓」時，或者倚樓聽秋雨，任風吹動裙裾時，縱有滿腹愁怨、千種風情，也依然嫻靜端莊！

自愛的女孩像小家碧玉：她的話語、她的笑容永遠是那樣的優雅、端莊。她不會隨便指手畫腳、不會笑得肆無忌憚，她會用智慧保持她的自愛。她的笑，是一抹淺笑，啟齒輕笑間，猶如吟詩、飲茶，低吟淺酌，兩頰梨渦隱現。更像一杯醇酒，啟唇淺酌，香醇、凜冽，令人回味無窮！

自愛的女孩寬容、豁達，不喜歡計較個人得失；對別人犯的錯她不會過分深究，只會點到為止。她會與人為善，會以寬容的心態消除那心靈上的隔閡，增加彼此間的信任和友愛。所以，自愛的女孩往往讓人們賞心悅目、神馳嚮往。

自愛的女孩也有害羞的時候，當她做錯了事或者有人笑她時，她會滿臉映滿紅霞，那美麗的紅霞就像幕靄中的晚霞。

如果一個女孩沒有自愛的氣質，不懂得自愛的概念，便會顯得很平庸。她會顯得沒有主見，而顯得唯唯諾諾。女孩缺少了自愛，也就失去了女孩應有的情趣，沒有了女孩應有的神祕、朦朧和內在的美。

但想要自愛也要要把握好自愛的分寸，否則物極必反。過於追求自愛，而自己又無那份氣質和修養，那就反而顯得做作，就像東施效顰，失去了自愛本來應有的美，失去了自愛優雅的內涵。

跟法國女人學優雅

法國，一個鍛造審美品味最好的地方。巴黎女人身上的優雅有夢中的格調，輕易地就能讓人迷失。說到法國女人，妳會聯想到什麼，美麗？自信？浪漫？優雅？

法國女人的優雅來自她們的儀態，一個唯美的世界是更容易成就這種優雅的，法國的女人似乎更具備審美眼光，那種少了戰爭煙火氣的美感，讓人欣賞得賞心悅目，卻彷彿不易親近。道地的法國女人自愛地優雅著，等著人們去讚賞。

法國女人的優雅先雅在骨上，法國女人的身骨是纖細的、秀巧的、精緻的，也是迷人的。在巴黎街頭，很少看到臃腫的女人，無論她年齡多大。有人說，法國女人之所以不胖，是與她們的人種有關，法國女人儘管優雅，也會盡興地吃。

因此，法國女人的優雅不僅表現在大街上的婀娜多姿，還表現在餐桌上的一顰一笑。法國女人總是正襟危坐在潔白的餐桌前，輕柔地移動著手中的銀色刀叉，用很優美的動作，將盤中的精緻美食分成一小塊地慢慢送入口，舊時貴族

第十章 不懂優雅，難以自愛

般的優雅，真是很難用語言來形容。

其實，與巴黎的時裝一樣，法國女人用餐時的優雅，也早就得到國際社會的公認。法國女人可說是世界上最酷愛美食的一群幸福女人。面對餐桌上的美食，她們想吃就吃，絕不會像別國的女人那樣，每吃一口都要在心裡計算一下食物中的熱量，而計算的結果則往往是猶豫再三，法國女人就從來不考慮這麼多。

法國女性很懂得穿搭，絕少見到有人以花襯衫配花短裙的，否則會被人譏為「葡萄牙小女人」。走在大街上婀娜多姿的法國女士，她們的衣服不一定華貴，但是裁剪適體，顏色搭配得宜，再加上一些配件，美得令人要行「注目禮」。

法國人把「漂亮」與「美」分得一清二楚。有的女孩年輕活潑、身材很好，腦子卻空蕩蕩的，這種女性最多只能算「漂亮」。相反，有的女性身段、五官都不出色，穿著打扮也沒有非常講究，卻散發著不可抵擋的魅力與氣質，這樣的女性才會被法國男人稱為「美人」。

法國女人，未必長得多美，卻個個散發著如法國香檳酒一般的恬淡與大氣，性感動人。同時，法國女人也浪漫無比，如果你是個漂亮的單身男人，在塞納河畔的咖啡廳獨自喝一杯咖啡，可能會讓某個法國姑娘上前與你搭訕、暢談，共度一個下午的美麗時光。

　　法國女人的浪漫優雅源自哪裡呢？據說在 200 多年前，宮廷貴婦喜好高聳的髮型、鐘式的裙襬、舞會、沙龍，那時候就在引領著歐洲的時尚趨勢。現在巴黎還是難以超越的時尚之都，法國女人的著裝品味仍然一流。美國人拍攝的《凡爾賽拜金女》（*Marie Antoinette*）獲得奧斯卡最佳服裝獎，每一個畫面都是視覺盛宴，影片問世再次掀起法國宮廷熱。以瑪麗皇后為代表的宮廷貴婦，再度被人們記起，早已煙消雲散的貴族的優雅又被電影蒙太奇帶到了現代。

　　法國女人崇尚以優雅為美，為了保持優雅的儀表，化妝當然必不可少。年輕時以淡妝示人。也有人說，其實法國女人不是長得人美，而是香水和化妝品美。

　　其實，法國女人的優雅除了化妝品以及優雅的儀態，更多是來自於優雅的生活方式，以及她們從骨子裡散發出的那種天生的自信感、高貴的氣質與格調，這才是法國女人令全球女人羨慕的不變因素，有了這樣崇高美的心境，一切就變得不一樣了。

　　法國人似乎人人都在向外人表達著他們的唯美意識。法國女人彷彿生來就優雅地美著。

　　法國女性真正的優雅，雅到骨頭裡了。優雅的打扮可以學，但優雅的氣質是學不來的，那來自優雅過生活的生活態度。

▌優雅才能留住優質男人

女人首先是獨立的，然後才是可愛的。世界那麼大，而妳擁有的卻只是一個男人大小的那片天，那這個男人說不定什麼時候就變成了烏雲。如今的時代，愛情追求的是共同進步。一個優秀男人身邊的女人，如果只懂看韓國肥皂劇，到美容院保養，做幾樣小菜，老公的工作她全不懂，與公婆的交流僅限吃喝拉撒睡，那麼他一旦有了外心，恐怕知情者都皆會拍手稱快。

時代早已經走過了女人奉獻即是美德的時期，妳可以有很多休閒時間來提升自己的內涵。別的女人能做到婚後依舊美麗動人，依舊不斷進步，那麼妳也可以做到。在愛情中，先己後人方為王道。妳自私一點，他便會無私一點；妳對他放鬆一點，他便會對妳緊張一點，而最好的方法，當然是與他比肩而立。

在花花世界中，他可能偶爾也動動心，甚至做出曖昧的舉動，但哪個成年男女沒有經歷過這種曖昧呢？一個優質男人能和妳同床共枕，妳就要有足夠的氣量，允許別人對他流口水。一個彪悍的女孩致電自己中意男人的妻子，說：「妳男人愛的人是我，妳退出吧。」得到的答覆是：「妳們之間發生了什麼對我來說並不重要，重要的是我的先生沒有對我說他愛妳。」那個女孩於是沒有了下文。事後我問這位女

士，是否真的不在乎自己的男人與其他女人發生了什麼，她說對於有些事情，女人必須假裝不在乎。

妳既然沒有辦法像小王子那樣把自己的玫瑰花用玻璃罩子罩起來，就必須理解生活中無法迴避塵埃。年輕時曾經享受純純的愛，現在的妳必須學會用理智的愛、包容的愛來代替當初容不下一顆灰塵的愛。

半夜暴風雨來臨有他陪伴，妳生病了最著急的人是他，他是妳孩子的父親，他每月交給妳數目不少的薪資，他在任何時候無條件地接聽妳的電話，僅僅這些，妳應該心存感激。

這個男人的一生可能經歷很多事情，然而最終他會與妳白頭偕老。妳們的關係以專一的方式開始，以專一的方式結束，與這種完美的結局相比，漫漫長路中有些浪漫的小插曲又算得了什麼呢？

如果妳愛他，讓他感覺舒服，比讓他感覺不舒適要更好。相信會愛的女人比較幸福，而相信男人愛自己的女人也比較容易得到幸福。

我們總在小瞧男人，以為他們會很輕易地移情別戀。美國心理學家研究證實，男人其實是比女人更戀舊的動物。離婚後的男人另尋新歡的時間距前次婚姻平均相隔至少 7 個月，而一般女人在這個數字上僅為 3 個月。日本社會學調查結果是，70% 的離婚是由女方態度堅決地提出來的。

第十章　不懂優雅，難以自愛

　　優質男人因為優秀，自然能吸引女人的眼球，就如同漂亮的女人同樣能吸引男人的眼球一樣，這是沒辦法的事。聰明的女人首先要學會並適應理智地看待這種「潛在威脅」。

　　只有妳是從青澀年代就無條件支持他的女人，只有妳是從青春年月陪他一起走過的女人；妳最了解他的飲食起居，妳了解他身體的細微變化。妳們之間有著無窮無盡的過去。現在儘管妳的眼角有了細紋，他摸著妳的手就像左手摸右手，妳們之間少了浪漫的情懷，甚至在床上也沒有了當初的激情。然而，千萬不要小瞧了男人的「良心」。良心被狗吃了的男人少之又少。

　　「他很優秀，他的身邊確有許多花蝴蝶，然而，我在他眼裡是獨一無二的。」無論是催眠療法還是事實如此，妳都要經常這樣寬慰自己。只有一個樂觀自信的女人，才能夠更好地和優質男人相處。

　　5 條守則幫妳鎖住身邊優質男人！

◇ 不要拒絕陪他參加應酬或公司的活動。這是證明妳們感情甚篤，讓覬覦妳家優質男人的女人們知難而退的好機會。

　　打扮不可媚俗，一定優雅，夫唱婦隨，記住妳要扮演的是人人羨慕的幸福女人，而不是機智的福爾摩斯，想借此機會挖出他身邊的隱患，最終只會將夫妻關係搞糟。

✧ 好奇不僅能殺死貓，更能殺死感情。妳的好奇追問與監
   視，會令他感覺不被信任，甚至窒息。
   在他有異常舉動的情況下，更要死死地管牢自己的好奇
   心。不要追問，更不要打探，謎底一旦揭開，大家都沒
   有退路。反思自己，修正自己，提高自己，靜觀其變。

✧ 在他心情不錯又有空閒的時候，談談當初戀愛時的趣
   事，回憶一下過去的美好時光，說上幾句諸如「我再也
   不會遇到比妳更適合我的男人了」一類的甜蜜話語。
   男人很受用這樣的誇讚，並且會感念過去的美好，堅定
   不移地與妳一條路走到底。男人和女人一樣，也喜歡妻
   子說出深情的甜蜜語言；如果他不喜歡妳說的話了，那
   麼妳可以檢視一下自己說話的方式，否則吃虧的是妳。

✧ 有一顆自律的心，哪怕他總說妳胖了也好看或胖一點無
   所謂這種善意的謊言。
   肥胖代表的不僅僅是不健康的生活方式，更是放任自
   流、不進取的生活態度。如果妳的肚子真的戴上了「游
   泳圈」，還是想盡辦法盡快將自己的多餘贅肉減掉吧。
   記住，在男人眼裡，「豐滿」意味著胖得勻稱，挺討人
   喜歡；「肥胖」則表示該豐滿的地方沒長起來，不該豐
   滿的地方全是肥肉，那就有點惹人厭了。
   不過，也不要總拿自己跟 20 歲的小女生比，否則很快就

會成為一個令人討厭的中年少女。女人要正視自己的年齡，自信於每個年齡都有自己的美，優雅地變老。

✧ 與他的家人朋友保持良好關係，妳們婚姻的安全係數會大大增加。

不要總覺得為他家人付出很吃虧，其實妳是在做一筆穩賺不賠的買賣。一個能夠與他的朋友家人相處甚歡的女人，在丈夫眼裡絕對魅力無窮。退一步講，與妳鬧翻就意味著眾叛親離，男人可不會冒這樣的險。

▌學會優雅地打破僵局

人際交往中有一種「僵持」現象：彼此雖共處同一個交際圈，但卻被微妙的心理所控制，雙方關係長期處於僵持、對峙狀態，誰也不肯或不願主動改變這種現狀。即使有著必要的交流，也要死撐到底，它沒有對立、對抗那麼嚴重和公開，但卻是交際中的消極現象，是為了提高素養所必須克服的。

下面具體談談這種毛病的四個典型類型。

✧ 唯我獨尊型：有的人把自己看做是世界的中心，總覺得世界是在圍繞他自己轉的，社會是以他自己為主軸而形成的。這種人形成唯我獨尊的交際態度和方式。在這種情況下，他與人交流態度生硬，以我為軸，希望對方

就範，依從於己，從不輕易做出示好，遂出現雙方互不來往、冷漠相向的「僵持」局面。如：某部門中甲乙兩人，同為有專長受敬重的人。涉及兩人關係，甲想：「我是博士，有能耐，乙不主動與我交流，我何必遷就於他。否則讓他看輕，豈不窩囊？」乙則暗忖：「我並不遜色於甲。他對我傲然以對，我難道能低聲下氣示弱於他？」就這樣，兩人都傲然相對，互不搭理，無端把關係弄到令人尷尬的「僵持」狀態，照面連一個招呼也不願打。周圍人見了連嘆「文人相輕」。這正是唯我獨尊類的交際「僵持」局面。

✧ **看重差別型**：人們相互間有著級別、地位、貧富、學歷、能力等形形色色的差別。此時處於優勢地位的一方，會自我感覺良好，習慣於俯視看人；處於低劣地位的一方，會平生傲然之氣，絕不屈從於人。即使雙方並不存在這種微妙心態，也有著各自相應的交往對象和範圍，在處理與另一方關係時，不自覺地保持著距離，使得雙方關係無法溝通和發展。有一對鄰居，門與門相對，東邊一戶是一位普通職員，西邊一戶是公司高層。按正常情況，鄰里關係應是最為密切的，「遠親不如近鄰」嘛。但兩戶住在一起數年時間，關係卻像堵了一道牆，幾乎沒有什麼交往。非交不可時，也是僵硬的、應付的。有幾次雙方都意識到要改善鄰里關係，可是見了

第十章　不懂優雅，難以自愛

面，微笑示好，卻都顯得十分彆扭和做作。以後乾脆還是維持現狀，誰也不作努力了。

✧ **心氣不順型**：眾多情況下，交際局面本是不會出現「僵持」現象的。正當交際關係將要深化、發展時，對方的行為舉動卻引起乙方的消極反應，由此而心氣不順，關閉心扉，態度轉陰，本來可以順利發展的關係被冷卻了下來。這些反應多是心理脆弱所致，因為刺激源本不過是些雞毛蒜皮的小事，甚至是錯覺而已，但卻斤斤計較，不肯放過。。A 和 B 初交偶識，關係如一張白紙，本來是可以深入交往，建立友誼的。但 A 此時與他人閒聊，聽到了眾多關於 B 的是非之辭。A 耳根子軟，不信也信了，遂自覺不自覺地對 B 也報以冷漠的態度。B 見此情景，心中氣惱，對 A 也故意表現出不以為然的態度。結果兩人關係「僵持」起來，遲遲得不到發展。

✧ **相斥相剋型**：大自然中，有些關係是相吸引的，有些關係是相排斥的。人際關係也是如此。有些人在一起就投機融洽，有些則似天生對頭，前世冤家，互相不服氣、不順眼，怎麼也發展不了，之所以如此，細究起來當然是有原因的，這包括興趣不同、背景不同以及潛在的競爭威脅等。一旦出現排斥心理，雙方關係便會「僵持」，弄得不好還會變為對抗關係。

那麼，為了提高素養，應該如何打破交際中的「僵持」局面呢？下面介紹幾種類型。

✧ **克服過強的自我意識，放開心胸**：「僵持」這種現象通常是在兩類人身上發生：一類是自命清高的人，一類是內向孤傲的人。他們的特點是自以為是，自尊心強，自我封閉。要打破交際「僵持」局面，首先就要克服過強的自我意識，淡化「我」字，主動交往。有一位領導者，德高望重，地位尊貴。照理來說在他周圍最易出現交際「僵持」現象，可實情卻並不如此。究其原因主要是這位領導者平易近人，和藹可親。

✧ **透視現象本質，積極主動交際交際**：「僵持」有點小家子氣，誰也不願正視，誰也不願承認自己陷入其中，但有時它卻實實在在地存在著。如果我們能看清這一實質，一方面會為自己愚蠢荒唐的舉動啞然失笑，另一方面我們就會採取積極主動的方式自覺與對方交際，並且視這種互動為自然，看作風格，奉為品德，這樣「僵持」的局面便會冰消雪融。

✧ **注重方式技巧，尊重微妙關係**：交際「僵持」局面總是要打破的，但這本身是十分微妙的，其中還可能有不好明說不能細究的關係。所以，此時的交往方式和技巧尤為重要：如果方式適宜，技巧圓潤，就可以圓滿達到目

的；否則可能顯得唐突，或者適得其反。比如兩名知識分子，對自己的成果均陶醉不已，對對方的成績卻不願正視。如果雙方都有打破這種局面的願望，一不能急於求成，二不能挑得太明，要在不動聲色、逐步試探中改善關係，這才是切合實際的。

✧ **顯示人格魅力，取得對方尊重**：前面說過，出現「僵持」局面是雙方的事，單靠一方是不會出現的。誠然，主動積極，自己首先示好是必要的，是值得肯定的，但這同時也是為了喚起對方的回應，讓對方以觸動和感召。如果急於求成，過分主動，超過限度，則影響自身形象，貶損自身價值，對方不僅不會因為妳的舉動而配合，還會對妳更加輕慢起來。「僵持」局面原本就是自我意識膨脹衍生的，這會助長他的驕橫之氣。「僵持」局面依然如故，妳的人格價值反而被他看低。

和別人說話要注意觀察，什麼樣的人，該如何對待？就三個字，要用心。

▌女人也可以風度翩翩

每個女人都希望有個言談舉止風度翩翩的男朋友。妳可知，不一定要有閉月羞花、沉魚落雁的容貌，但必須有優雅的舉止和精緻的生活；不一定要有魔鬼般的身材、輕盈的體

態，但一定要重視健康、認真生活；無論是妳想擁有溫柔的女性氣質，還是高貴氣質，無論是知性魅力還是野性魅力，無論是純真魅力還是優雅魅力，只要妳端正態度並為之努力，妳同樣可以練就成有風度的女人。

男人的風度是讓女人心醉神迷的，同樣，女人也有著迷人的風度令男人心馳神往，這就構成了相互吸引與追逐。

然而，在西方國家都有女士優先的禮儀，或者說已經形成了一種習俗。女士優先原則的核心精神是：要求成年男子在任何時候，在任何情況下，都在語言上尊重婦女、呵護婦女，都在行動的各個方面照顧婦女、幫助婦女、保護婦女。無論是對年長的八旬老嫗還是青春貌美的白領麗人一視同仁。如今，大多數男士們保持了這種應有的風度。那麼女性公民又應該怎樣珍惜這種偏愛呢？其實，男人們的眼光也是極為挑剔的，他們不僅希望女性美，而且要求完美。做到完美是不現實的，不過女性完全可以保持良好的風度。

一個具有風度的女人一定包含了她的品味、學識、形體等內涵的精緻女人了，甚至可以細到她的眼神、神態、香水、口紅的色彩等等細節透出的資訊。在現代社會競爭壓力日趨激烈的環境裡，風情是成熟，而浪漫則是逃出世俗的勇氣。因此，擁有翩翩風度的女人應該是擁有成熟的魔容和純真心態的自愛女人。

第十章　不懂優雅，難以自愛

自愛的女人需要有讓人仰慕的高貴氣息。「風度」這兩個字容易使人聯想起 17、18 世紀歐洲上流社會的那些穿著華麗、儀態萬方的貴婦們。真正風度本質的含義是擁有一份清閒的生活狀態，深厚的文化修養和對是非的淡然心境。

做一個有風度有氣質的女人，就要在人際關係上做到收放自如、張弛有度，就要具有親和力。親和力是最具魅力的柔性藝術，它既包括女人的內在特質 —— 真誠、善良、平和、曠達、直率、幽默、高雅、博學及善解人意，也包括女人的外在表現 —— 精神飽滿、氣宇軒昂、風度翩翩、妙語連珠、談吐得當。

高雅的風度，就像有形而又無形的精靈，緊緊抓住人們的感官，悄悄潛入人們的心靈，根深蒂固地在腦海裡扎根發芽，使人留下難以磨滅的印象。具有高雅風度的女人，不一定具有野性浪漫的魅力，但這個風度卻是一個人的文化底蘊的累積，所以說，女人的美麗是和知識共存的。

作為現代生活中的人，要真正培養出自己較好的風度和具有魅力的風韻，首先應該從「大」處著眼，如果對自己的風度訓練僅僅局限於如何舉手、如何投足、如何說話、如何顰笑等，往往收效甚微，以至落俗氣的地步。換句話說，太講究舉止，故意地追求優雅，就像蹩腳的演員在演戲，反而失去了風度。

　　避免不雅的習慣就是培養氣質的細節。比如化妝、修飾十要避人，呵護自我形象的一切準備應在沒人處悄悄進行，絕不可以在他人面前毫無顧忌地做。一定要養成修飾避人的良好習慣，只把自己最佳形象展示在眾人面前。

　　許多白領麗人形象美好，氣質也不錯，就是改變不了壞習慣，尤其在社交場合更要注意小節，比如毫無顧忌地檢查褲子或裙子的拉鏈是否拉好，拉直下滑的長絲襪，擺弄自己的衣裙和整理鞋襪等等。這些都是培養修養或氣質的細節問題。本來這些小節不應該出現，如果一旦發現了，也應該到洗手間整理。

　　保持自愛的風度，還應該注意自己的眼神，不是亂丟目光，而且是平視，更不要指指點點，自然、大方，態度和藹。

　　想展現自己的風度，一定來自妳平時內在氣質的培養。

　　倘若漂亮能表現於和諧，那麼風度就是一個人的個性呈現，它離不開各方面的修養做底蘊。具有自愛風度的女人，她會從選擇與自己相宜的服飾來裝扮自己開始，以錦上添花之匠心表現出她獨特的魅力，盡灑那迷人之風度。她從不隨波逐流，也不搶占時裝潮流之前鋒。她只是巧妙地把流行和個性有機地結合，使之產生出和諧的美感。同時她能將他人的優點化為已有，哪怕是一頂帽子，一條圍巾，或者是小飾品，都會透過她巧妙的搭配，以襯托出她與眾不同的風度。

第十章　不懂優雅，難以自愛

　　每個人的風度是各不相同的，是與生俱來的，是各自成長的環境薰陶和文化修養的另一種展現，更是無法模仿的。胖瘦者各有各的風度，樸實與華麗各有各的風韻，即便是簡簡單單的和諧統一也是一種受人歡迎的風度。

　　想擁有自愛風度的女人們，當我們欣賞別人的風度時，別忘了顯示自我之風度！

　　女人們的微笑是移動的風景，是鑲嵌在流動的人海裡隨處可見、不分季節綻放的花朵。那發自內心的微笑，是女人們奉獻給世界的真誠與善良，是似水的柔情在臉龐和最美好的呈現。

　　笑是人類表情達意最基本的方式，也是社交中的有利工具。不過，在美國心理學家巴霍洛夫斯基看來，笑還是女人征服男人的最佳方式。在一項由他主持的最新研究中顯示，女人的笑對男人來說有特殊意義。

　　巴霍洛夫斯基指出，上帝在造就女人的時候，就注定了她們比男人更擅長笑，這個特點不僅表現在生理方面，也表現在心理方面。

　　從生理角度來說，進入青春期後，女性聲帶的變化表現出與男性迥然不同的特點。在巴霍洛夫斯基的實驗中，女人大笑的頻率一般為 1,000 赫茲，讓人感到悅耳動聽，讓男人感到舒服。相比之下，男人發出的笑聲更為低沉，有時頻率

只有 43 赫茲，像喘息一樣，並不那麼動聽。所以說，女人愛笑，是因為上天給了她們完美的聲音。

從心理因素來看，女人天生愛笑，是因為她們的感情比男人豐富，性格更溫柔，也更敏感。巴霍洛夫斯基在觀察中發現，女性的笑表達了她們多種情感：高興時笑，害羞時也笑；點頭時笑，搖頭時也笑；認真時笑，說謊時也笑；看到男友笑，她會跟著笑；瞧見愛人生氣，她則會格格地逗他笑。

巴霍洛夫斯基指出，儘管聽見笑聲的人很多，但只有特定的接收者才能聽懂其中的訊息。透過笑，女性傳遞著自己獨特的訊息。

巴霍洛夫斯基在實驗中還發現，當女性把笑的聲音提高到正常說話音頻的 10 倍時，男人會產生「她對我感興趣了」的想法。除此以外，女人嫣然一笑，含羞而笑，欲笑未笑，似笑非笑，笑了又笑……隨著表情不同、時間長短不同，也都能傳遞出不同的信號。

羞澀的笑包含著女性深藏在心的對情人的愛；神祕的笑容給人多重想像空間，是最高層次的笑；熱情洋溢的笑表明女性對生活充滿信心，對家庭十分滿足通常出現在已婚女人臉上；溫柔的笑容會讓已經怒髮衝冠的男人也沒了脾氣；倘若女人與男人交談時發出「呵呵」的乾巴巴笑聲，表明她已

第十章　不懂優雅，難以自愛

沒有交談的興趣了，知趣的男人最好在此時離開。

　　女人的笑是最美的，可以勝過世界上一切有色彩的東西；女人的笑是最貴的，「千金難買一笑」；女人的笑也是最有魅力的，能讓身邊的人忘掉一切世間紛爭！

　　笑是女人的招牌，女人的溫柔、嫵媚、性感等，都可以在笑容裡盡情展現！在女人的微笑裡，看到了女人的自信與幸福，感覺著生活的美好。像陽光一樣燦爛的微笑，無言地滋潤和溫暖著我們的心田，生活中偶爾掠過的憂鬱都會像輕煙一樣消逝在嫵媚的微笑中。

　　當妳心情好的時候，可以大方自然的微笑；而當妳心情不好的時候，更應該保持微笑，一方面是因為微笑可以為自己贏得更多的關注與掌聲，這樣妳才能以最快的速度恢復心情；另一方面，是希望自己不會因此成為汙染別人情緒的兇手。

　　若問天底下誰的微笑最美，不必費心猜測，答案當然是女人的微笑。女人的微笑最美，最有吸引力。當男人們吵架時，只要有女人開始微笑，立刻就能化解敵對的氣氛，讓兩個人的關係變得可諧而甜蜜。當有人心情不好時，只要出現女人的微笑，立刻就能讓烏雲成彩虹，連空氣都有了幸福的味道。當有困難無法解決時，只要有女人的微笑，立刻就能讓一切問題迎刃而解。

　　現在這個時代，事業的壓力已經讓男人很累，家是他們

感到快樂輕鬆的地方。當勞累一天的丈夫回到家，看見他溫柔體貼的妻子笑容滿面，相信他生活的壓力會因此而減輕不少，快樂也隨之而來。相反，如果丈夫在外面有了煩心事，回到家還要面對一張烏雲密布的苦瓜臉和無休止的嘮叨，那對於他的心情而言就是雪上加霜，縱然妻子有著絕世的美貌，也難以讓他快樂，女人的外表在戀愛的初始階段是很重要的，但是隨著兩個人的感情逐漸加深，慢慢地將愛情轉化成親情的時候，外表就顯得無足輕重了，每天給丈夫一個笑容，是女人攏住男人心的一個法寶。

英國科學家的一項實驗表明，在兩性交往過程中，愛笑的女人更容易博得男性的好感，交往也更順暢。

在這項調查中，面對樂觀開朗、性格內向和充滿野性的女性，70%的男人選擇了樂觀開朗的女性，因為這種性格讓愛笑的女人變得更美，還能喚起男人的樂觀情緒，讓相處變得更加融洽。

雖然有20%的男性選擇了充滿野性的女性，但這些男人們只是認為這種女性的笑具有攻擊性和挑戰性，讓人著迷。

另有10%的人喜歡性格內向的女性。這部分男性表示，內向的女性會羞澀地微笑，這種「插柳不讓春知道」的笑，能讓自己如醉如痴。

微笑無疑是最優雅的表情。請保持微笑吧，因為妳永遠也不知道，下一秒哪一個男人會愛上妳的微笑。

第十章　不懂優雅，難以自愛

▌因為自愛，所以高貴

有一則網路新聞，說一名「痴情」女子為見提出分手的男友一面，竟然在火車站跪了 3 個多小時。

網友們面對這位女子的做法褒貶不一，有人說她為痴情的典範；有人說她傻得可憐；更多的人則質疑她是不是腦袋有問題。

愛的表達方式有千萬種，像這樣極端的方式雖不多見，但在年輕人當中，也不乏欣賞這種做法的人。女人對愛情的表白美在含蓄，小女子深情款款，含情脈脈，羞顏悅色，欲說還休，男人縱然鐵石心腸，也會為之一動，那神情，那景緻，豈一個美字了得？像這樣當街一跪，不見面就不起來，多少有些強人所難的意味，毫無自尊可言，哪還會讓人產生疼惜的念頭？不把人嚇跑才怪。

當愛一個人時，對方的形像往往會高大起來，會讓人盲目，缺點也就成了優點，才女張愛玲也曾有過類似的情形描述：「遇到你，我變得很低，低到塵埃裡，但我的心是歡喜的，並且在那裡開出一朵花……」張愛玲可謂把愛到卑微的女子心理描述得淋漓盡致，但依然擺脫不了她與胡蘭成分手的結局。可見，卑微的表達方式於愛情並無益處。

愛到沒有自尊是悲哀。妳愛得越深，離他越近，他逃得越快，離妳越遠。本性使然，男人對於無需用太多努力便可

得到的「獵物」大多沒有多少興趣。對愛情的表白，如果失去自尊，就成了自我輕賤與虐待的一種方式，已不能簡單用「痴情」兩字概述。

女人可以主動示愛，但不能沒有尊嚴，即使失去愛情，也不能失去自我。愛若遠去，不如優雅地轉身；與其在以後漫長的歲月中讓悲傷一點一點侵蝕到骨子裡，不如鬆開枷鎖，放了對方，也解放了自己，給彼此一個重新選擇的機會。上天在此關了門，就會在別處再開個窗。

自愛樂觀的女人往往能嘗試著讓自己的心靈變得豁達起來，讓愛在平淡中走向堅固和永恆。

一位知識女性，她深愛著她的丈夫，但她愛她丈夫的時候也沒忘記珍愛自己。她的丈夫常年在外經商，但他們的感情十分融洽，從未有過一絲半點的裂縫。有人問：「妳不擔心他在外面尋花問柳嗎？」這位女士回答：「我和他的愛從來都是平等的。從接受他的愛那天起，我就全然他信任，我愛他但不苛求他。我希望他成功完美，但我從未把自己的一切都抵押在他身上，我擔心什麼呢？」有些時候，感情這事裡妳放開來看，就是最好的把握。有些女人從一開始就把自己擺到一個乞求感情的地位上，悲劇的根源往往就在這裡：妳對自己都不自信，別人又怎麼會看重妳？男人往往就是這樣：妳過於看重他，也就是表示他可以輕而易舉地主宰妳的感情和幸福了！在這一點上妳首先就輸了。

第十章　不懂優雅，難以自愛

　　因此，感情是最在乎尊重和平等的，有這種遠見和胸懷的女人，男人自然會發現她的可愛，男人在愛上一個女人的同時，並不希望在愛的約束下喪失自己的一方世界。男人在乎愛情的默契、寬容和理解，因為，這種愛不致阻止男人身心釋放地闖蕩人生 ── 畢竟，在男人的眼裡愛情並不能代表人生的全部。

　　所以，女人一旦自愛，自然就顯得高貴，會更值得男人珍惜。

第十一章 自愛的女人最從容

我們經常會看到令人眼前一亮的女人 —— 永遠都不呼天搶地，即使是在擠得要命的公車站，也都表現得不慌不忙，從容優雅。她們連吃飯都永遠細嚼慢嚥，講話永遠委婉動聽，即使被傷害，被拋棄，連再見也都是含笑的。

這些女人都有共同的氣質，那就是自愛。

自愛的女人因為有修養，氣質優雅，經濟獨立，因此總能沉著冷靜地處世。

自愛的女人就像玫瑰一樣，從盛開到垂敗，從來都不慌張，而是靜靜地，美好地感受著這一過程。她們的生活不也像這玫瑰花嗎？

第十一章 自愛的女人最從容

▌玫瑰從來不慌張

一個女孩剛剛到英國，什麼都不適應。兩個月過去，作息時間還不適應，課堂上能聽懂的不超過三分之一，和男友吵架直至徹底分手。

女孩天天抱著書或食物，在租來的房子、學校及打工的餐廳之間奔走，她才發現原來自己那麼不會安排時間，以至於她就算天天有一百個小時，也不可能有足夠的睡眠，把沒看完的書看完。

她跌跌撞撞慌慌張張地奔跑，不斷在心裡安慰自己，把自己的生活安排得忙一點就不會想家了，也可以忘記失戀的疼痛。

2008 年寒假前夕，她趕著從打工的商店下班回學校，匆忙間打碎了一個水晶杯子，老闆罵她笨手笨腳，並且公布因為多次遲到而辭退她，本該給她的所有薪水用來賠償那個杯子。趕到學校，導師又告誡她：假如妳再遲到就畢不了業。

天已經黑了，下著雪，她沮喪地往家走。她以為自己會哭，摸摸臉，是乾的，也許眼淚已經在心裡結成了冰。可是今天還沒有結束。快到公寓的時候，她不知怎麼就踢到了一桶東西，然後，她就人仰馬翻地倒在雪地上。心裡那些結成冰塊的眼淚終於破碎了，她一邊哭，一邊道歉，一邊收拾那些被她踢倒的東西，那是一大桶預備明天出售的玫瑰。那些

即將怒放的玫瑰散落在雪地上，在雪與旁邊花店裡燈光的映照下顯得分外安靜和漂亮。

　　她狠狠地流淚的樣子，嚇到跑出來查看情況的老闆。老闆是一位慈祥的白人婦女，過來扶起她，輕聲問她怎麼回事。然後她坐在暖和的花店裡，看老闆有條不紊地把散落一地的玫瑰收回到桶子裡，那些玫瑰竟然沒有在雪地上掉下一片花瓣！

　　老闆叫她不必再道歉，讓她自己拿杯子倒水喝，然後指著那桶玫瑰說：妳看，沒事。玫瑰從來不慌張。老闆自我介紹說：天天都看見妳從這裡匆忙走過，但我們從來沒空打個招呼，今天正好，我們可以聊聊。

　　女孩恍惚記起，她租屋處的樓下不遠處是有一間花店，只是她從來不知道，老闆竟然是這樣溫和安詳的人。

　　女孩告訴了老闆今天碰到的事情。老闆邀請她來花店幫忙，聖誕節快到了，這裡需要一個幫手。

　　就這樣，在那個嚴寒夜晚的最後一個時刻，女孩碰倒了一桶沒有掉落一片花瓣的玫瑰，遇見了告訴她玫瑰從來不慌張的漂亮女人，得到一份在花店裡打工的工作，獲得了從容面對壓力的力量。

　　無獨有偶，前幾天參加同業聚會，遇到一位美麗女子，她有著優雅的外表，36 歲時已是一家國有銀行的部門經理；

第十一章 自愛的女人最從容

她的先生自己有一家運作良好的私人公司。誰都覺得，她已具備了幸福女人的全部要素：美貌、財富、愛情，可就在聚會中，她表達了她的最大困擾──總覺得時間不夠用。學業上，她剛讀完碩士，正準備考博士；公司裡，她剛得到升遷機會，擔子更重，也更忙碌。本來她有很多個人愛好，比如拉小提琴，現在卻沒有一丁點時間。同時她最大的顧慮是，自己到底要不要生孩子。她已經 36 歲，再不生就晚了，但如果生孩子，會打亂她的生活規律。「我哪有時間啊！」她怨聲載道。

後來與她講過幾次電話，印象最深的仍是她那如槍彈出膛的語速，這使人不覺對她有些同情，又有些置疑，對朋友打來的電話也需要這樣對待嗎？她真的太焦慮了。

觀察一下我們身邊的女性，一過中年便有同樣的疑惑：事業家庭難以兩全。不是放下事業上的上進心，滿足於一份清閒的工作，守著家庭孩子，安穩地過日子；就是像這個朋友，只爭朝夕地追趕日子，快速地說話，快速地做事，從事業中獲取成就感。

這之間沒有高下之分。

安於自己的選擇，珍惜自己理想的、並已經擁有的事物，對別人的成就沒有覬覦之心，這樣的女人才能優雅而從容。如果目標單一卻仍慌張，那就要想想自己的能力是否能

夠達到目的。而消除這種慌張的方法，便是以平常心來面對一切。有一句外國諺語說的好，直譯即是：停下來，聞一聞玫瑰。

從含苞到盛放然後凋謝，玫瑰從來不慌張。

自愛的女人，從來不會匆匆忙忙。她們在世間練就了一顆平和的心，無論面對什麼，總是淡定從容、不卑不亢。

無論是言談還是行動舉止，那種拿捏精準、不露痕跡的分寸感，讓與之相處的人如飲甘露。

擁有一顆平常心

大風大浪在自愛的女人面前，也會變得像風和日麗一樣平淡。這是因為她們有一顆平常心來應對複雜的一切。

生活是死的，常常平淡而無味；但人是活的，是能夠創新的。擁有平常心的女人最懂得用心欣賞生活，最懂得用創造改變平淡乏味，因為她們知道，生活可以因為女人而變得更美。平淡的生活不只是開門七件事：柴、米、油、鹽、醬、醋、茶；平淡的生活也不是每天做不完的生活瑣事。平淡的生活還包括不平淡的一杯茶、一聲問候；平淡的生活是規律、是習慣、是每天習以為常的作息。平淡的生活是一天下來妳可能都不知道自己都做了些什麼，忙了些什麼，但卻在幸福地生活著。

第十一章 自愛的女人最從容

　　大部分女人的一生都是崎嶇不平的，總會遇到一些高山險川，那是女人施展才華，汲取經驗的時刻，但這種時刻不多，女人一生大部分的時間還是在平淡的生活中度過的。在這平淡中有著深情，有著實實在在的幸福。而真愛和幸福恰好是在最平淡的生活中得以充分表現出來的。如果生活給了女人快樂，那就應從最平凡的小事中體會人生的幸福。

　　聰明的女人都知道，只有平淡的幸福才是最珍貴的幸福，就像俗話說「君子之交淡如水」一樣，生活中不會總是熱情澎湃。實際上，不僅生活並不都是熱情如火，男人也不都是瀟灑英俊，事業有成；工作亦不都是高薪厚祿，一路順風；生活中更不會每天都有鮮花和掌聲。生活中更多的是平淡如水，遊走在各個角落中更多的是那些平凡的人。所以女人不要對自己苛求太多，多一些寬容，少一些猜忌；多一些理解，少一些埋怨。當歲月在生命的季節裡輕輕地滑過時，妳會發現，能抓住的只有現在。珍惜現在，珍惜眼前，珍惜現在所擁有的一切，幸福就圍繞在自己的周圍，快樂充滿每一處角落。

　　其實有很多時候，人們就生活在幸福和快樂中而不自知，妳不妨想想：

✧　下班回家，先回家的老公是否已經做好了飯菜等妳回來？

✧ 起床了，匆匆地梳洗完畢，桌子上是否有人為妳精心準備了早餐？

✧ 下班時，忽然下起雨，是否曾經有同事熱情地送妳回家？

✧ 休息的日子，把家裡收拾得乾淨，妳拿著一本喜歡的書，坐在陽臺上慢慢地讀，屋外的陽光暖暖地晒在身上，室內有音樂響起。

這些事情看起來是平淡的，生活本身也就是這麼瑣碎而平淡，但是妳用平常心體驗過這種幸福的滋味嗎？

幸福是什麼？幸福是感受與體驗。全憑自己在生活中細心地體會。用妳善感的心靈，慢慢地捕捉那讓妳感動的點點滴滴，那麼妳就會在平淡中感受到幸福，體會著快樂！

我們感悟平常心，希望擁有平常心，讀懂平常心，就像夜裡看到滿天星光。感悟平常心，宛如在靜靜的曠野，在清幽的山澗，尋找清泉，尋找幽蘭，靜聽樵歌。擁有平常心，宛如擁有一架美妙的豎琴，讓人們心靈沉浸在歡欣、激昂的樂曲裡；宛如向心靈世界播撒陽光、雨露，滿溢波濤與浮光。

擁有平常心的女人，會認為幸福很簡單，她們眼中真正的幸福，不過是想到一個自己喜愛的親人會很自然地笑出來，而且是那種從心底流露到臉上的笑。如果沒有錢，她會

第十一章 自愛的女人最從容

說，可以少逛商場、少去超市呀；沒有自己的房子，那就去租個小屋吧；沒有車，她更喜歡這樣牽著手漫步呢，並且還會告訴你，這才是浪漫。這樣的女人像一杯清茶，「落花無言，恬淡如菊」，她們才是擁有幸福的真正女人。

女人要想擁有一顆平常心，就應該在心靈的感悟上不斷地提升自己，豐富自己的內涵，用心品味生活和人生。調整好心態，培養出恬淡的心境，而這種心境會使自己永遠年輕。

用包容的心接受自己不喜歡的人，並試著忘記他們的缺點，記住他們的優點。遇到煩惱的事，抱怨是沒有用的，多想想它還有好的另一面未被自己發現。不要太過於計較得失，用積極樂觀的態度處事。

活得輕鬆的人大多會聰明地偷懶，能為自己製造放鬆的空間，能容忍家裡有些灰塵，能在有壓力的時候躺在沙發裡看電視吃水果，讓自己充分放鬆。

對過去的痛苦回憶其實是對現實的不滿。在許多時候，我們無法把握自己，更無法把握他人，我們經過努力而獲得的成功與失敗，都會成為過去，而我們擁有的只是現在。要學會轉移與放棄，暫時將煩惱放在一邊，做自己喜歡的事，等到心情平靜後再面對壓力，卸掉身上的負擔，才能輕鬆生活。

上班時把握時間工作，把其他煩人的事情暫時拋到腦後，盡量不要把工作中的煩惱帶回家，好生活必須明確而單純。

時刻保持內心的平和

這個社會變化太多，我們不要讓自身的心慌來慌去。能夠堅持內心平和的女人，就像鬧市中的一間靜謐的茶館，讓人忍不住想歇足休息，這正是她們為人處世的獨到之處。

溫和的女人，對生活的要求不多，不會動不動就嫉妒別人的富貴和榮華。

雖然同樣感嘆社會多變、人生無常，平和的女人卻會守住內心的一點淡泊。

平和的女人，要求不是那麼多，不會因貪婪帶給生活壓力，當然也不會帶給她的男人很多壓力。所以平和的女人，總是讓男人很輕鬆，能夠成為男人心靈休息的港口。

平和的女人，沒有那麼執著，也不會歇斯底里，更不會哭天搶地。

如果，她看到自己心愛的男人和別的女人在一起，不會上前大鬧，而是靜靜地，堅決地遠離那個花心的男人。平和的女人，懂得維護自己，不會讓自己輕易受到外界的干擾。

所以，平和的女人總能讓男人感到安定、放鬆，讓男人

第十一章 自愛的女人最從容

在傷心、疲倦，甚至太過衝動的時候，都想要和她在一起。

經歷了童真的孩提時代，也經歷了青澀的少女時代後，漸漸步入中年，回頭看看就會發現，自己是在跌跌碰碰中長大的。要做個對己對人都有好處的女人，最主要是心態，以平和心做女人才是最佳的境界。

普天下最多的就是普通女人，有些女人年輕時美麗如花，上了年紀後紅顏老去，真正能從小到老都是美人的女人是極少的。所以女人也不必抱著怕變老變醜的心，這是自然規律，誰也難倖免。想想一代美女林青霞，到了40多歲有兒有女時也一樣普通如常人，何況我等之輩。

所以，不要刻意打扮自己，也不要刻意留住青春，更不要刻意做整形手術；不要強求自己如鮮花怒放般美麗，也不要強求自己身材永遠婀娜多姿，不要為保身材纖細強求自己節食，也不要強求自己在事業上有多大的作為；不要以他人為目標強求自己各方面都要超越他人，也不要強求做自己不情願做的事，更不要強求他人要用欣賞的眼光看自己，不要強求他人對自己說好話，更不強求他人施捨感情。

得之是我所幸，失之則是我命。

人生就是短短幾十年，誰也不要把他人看扁，誰也不要太羨慕他人。以平和心面對心中難事，以平和心看天下之人，以平和心解迷茫之處，就以一顆平常心過日子，笑也是

過，哭也是過，痛也是過，甚至生病也是過。

哭著過也是一種體驗，不要以憐憫心看之；笑著過也是一種體驗，不要以賞悅心看之；痛苦過也是一種體驗，不要以憐惜心看之；病著過也是一種體驗，不要以可憐心看之。

每一種生存方式都是人生的考驗，經挫折以顯其強，遇困難方顯其堅。

▌理智冷靜，有理有節

經常見到某些女人，因為一點小事就瘋瘋癲癲，形象盡失，甚至歇斯底里，這常常令身邊的男人感到精疲力竭，甚至崩潰。

自愛和衝動是敵對的關係，因此自愛的女人不會「跟著感覺走」，她會用她的理智巧妙地告訴自己哪些是做錯了的事情。也許是一個眼神，也許是一個動作，但絕對不會是一聲斥責或埋怨。因此，自愛的女人不狹隘，她不會為了一點小事和別人斤斤計較，她寧願相信《易經》中所謂的「坤以載德」，也不會相信那些「水做的骨肉」的紅樓論調。

所以她會很有主見，絕對不會只吟誦「攀緣的凌霄花」，就算不能高唱〈大風歌〉也會在男強女弱的社會裡譜寫一曲「自尊、自強與自愛」。他對男人的態度是尊重和理解，並不會和男人在社會的競爭裡拔劍相向。因為她知道適

第十一章 自愛的女人最從容

合男人的事情她未必喜歡，而自己適合的事情男人也不一定會感興趣，所以她和男人會友好相處，平等對待。她懂得這種自然相處才是和諧之理。

什麼是理智，是一個人用以認識、理解、思考和決斷的能力。有理，方能懂得分寸、知道進退；有智，才知道人心、明白世情。有理智，才會不妄為，才會克制，才會有所為也有所不為。

在一個理智女人的言語裡，妳可以感受到她的溫柔，自愛，含蓄和智慧。一位有理智而且美麗的女人，是自信而高貴、善意而通達的，這樣的女人在男人眼裡顯得最美。

在生活中，理智的女人最懂得讓家庭、事業、親情、友情、愛情等各種關係得以兼顧。她坦誠、直率，能理解不同類型的人和事，溫柔地對待一切，一切順其自然。她擁有開闊的視野和從容的氣質，擁有著浪漫的情調和獨特的思維方式，用最美麗難忘的笑容對待愛情和生活。

在情感上，理智且自愛的女人最是懂得恰如其分，自重自愛，最能控制住自己的情感。如果愛情來的不是時候，她會微笑著放手，即使有再多心酸與遺憾，也會深藏在心底不輕易流露，她不會被灰色的情緒所左右，會永遠保持陽光的心情。

人們常說：「女人因可愛而美麗。」作為女人，可愛自然是很難得，而理智更可貴。女人寧可不可愛也應該有理智，因為理智的女人永遠美麗。

▌不卑不亢，氣定神閒

在職場或朋友之中，我們會見到一些自愛的女性處事待人不卑不亢，落落大方，從不洋洋自得，不自閉內向，不狂妄失體，不瘋瘋癲癲。這樣的女性到哪裡就像把陽光帶到哪裡。她們是人群中一顆顆耀眼的星星。

工作中我們應該學會服從上司安排，但也不必總是唯唯諾諾、一味應承。有時候，以誠相待，不卑不亢，反而可以讓上司發現妳的成熟、自愛和個人尊嚴，讓他對妳產生敬重，更有助於提高妳在他心中的地位。自愛的女人多半都擁有這份不卑不亢的風度，這樣的女人無論在哪裡都能令人如沐春風。

想要自愛首先要有自信。所以，無論自己身分、地位如何，一定要相信自己，只有這樣，別人才會尊重妳。只有妳自己充滿信心，在人際交往中才能夠有禮有節而不獻媚，才能夠自尊、自重，尊重別人同時也獲得別人的尊重。

一個真正自愛的女人向來是懂得尊重別人的，而且越是志向高遠、見識廣博、有獨立人格的女人，就越不會在待人時以官職大小、錢財多少或學問高低來論尊卑。她們從不會在不如自己的人面前擺架子、自傲；更不會在遇到強者時露畏怯、示卑容或用嫉妒代替應有的尊重。

尊重他人，是一種做人的修養、一種品格、一種對人不

第十一章 自愛的女人最從容

卑不亢、不俯不仰的平等姿態，是對他人人格與價值的充分肯定。所以，聰明的女人一定要拋開自大的姿態，從高處走下來，這不僅是對他人的尊重，也是對自己的尊重。

一個有良好品德的人，他會在任何誘惑面前而顯得鎮定自若，不卑不亢。「不卑」可以不惹人憐；「不亢」可以不招人妒。「不卑不亢」的女人一定是從容自若、淡定如水的，這樣的女人跟誰都能相處融洽。擁有了「不卑不亢」的氣度，妳就能在無形中給人無法抗拒的力量，處理起事情來就能得心應手。

▍七分熱情，從容自若

自愛的女人都懂得 —— 熱情，有七分就足夠了。

女人太熱情，便會忍不住要替男人包辦一切，甚至會提醒他注意可能的窘境，關注他人生征途上會遇到的磨難，要替他營造安逸、舒服的安樂窩，要替他鋪設平平順順的成功大道。這種願望和目標儘管良好，但效果往往欠佳。男人若不想被女人的規畫所束縛，必然要掙脫女人的愛心和纖手，奔向自己的目標。

女人太熱情，會把短暫當作永恆，把虛妄當做真誠，在極度的奢望中夢想美滿的結局，在傷心痛楚之後仍然渴盼團聚的歡欣。

　　熱情如火，可以給人溫暖，但有時也會把人生的美好焚燒殆盡。

　　在任何交往中都是如此。在卡內基成功學思想中，很重要的一點就是要遵循心理交往中的功利原則 —— 這一原則是建立在人們各種需要（包括精神的、物質的內容）的基礎上，即人際交往是滿足人們需要的活動。心理學家霍曼斯（George Casper Homans）早在 1974 年就曾經提出：人與人之間的交往本質上是社會交換，這種交換與市場上的商品交換所遵循的原則是一樣的，即人們都希望在交往中得到的不少於所付出的。尤其是得到的不能少於付出的，如果得到的大於付出的，也會令人們心理失去平衡。

　　人際交往要有所保留，初入社交圈中的人常犯的一個錯誤就是把「好事做到底」，以為自己全心全意為對方做事就會使關係融洽、密切。事實上並非如此，如果好事一次做盡，使人感到無法回報或沒有機會回報的時候，愧疚感就會讓受惠的一方選擇疏遠。留有餘地，好事不用一次做盡，這也許是平衡人際關係的重要準則。

　　留有餘地，適當地保持距離，因為彼此心靈都需要有一點空間。如果你想幫助別人，而且想和別人維持長久的關係，那麼不妨適當地給別人回報的機會，讓別人有所回報，不至於因為內心的壓力而疏遠了雙方的關係。而「過度投

第十一章 自愛的女人最從容

資」，不給對方喘息的機會，就會讓對方的心靈窒息。留有餘地，彼此才能自由暢快地呼吸。

七分熱情，從容自若

電子書購買

國家圖書館出版品預行編目資料

試著戒掉「隨便」，妳該有點主見：懂得取捨 × 保有自我 × 從容大方，別怕受傷害，妳是自己人生的摯愛！/ 蔣甘樺，杏杏編著. -- 第一版. -- 臺北市：崧燁文化事業有限公司, 2023.02
面；　公分
POD 版
ISBN 978-626-332-957-7(平裝)
1.CST: 自我肯定 2.CST: 女性
192.1　　111019285

試著戒掉「隨便」，妳該有點主見：懂得取捨 × 保有自我 × 從容大方，別怕受傷害，妳是自己人生的摯愛！

臉書

編　　著：蔣甘樺，杏杏
發 行 人：黃振庭
出 版 者：崧燁文化事業有限公司
發 行 者：崧燁文化事業有限公司
E - m a i l：sonbookservice@gmail.com
粉 絲 頁：https://www.facebook.com/sonbookss/
網　　址：https://sonbook.net/
地　　址：台北市中正區重慶南路一段六十一號八樓 815 室
Rm. 815, 8F., No.61, Sec. 1, Chongqing S. Rd., Zhongzheng Dist., Taipei City 100, Taiwan
電　　話：(02) 2370-3310　　　傳　　真：(02) 2388-1990
印　　刷：京峯彩色印刷有限公司（京峰數位）
律師顧問：廣華律師事務所 張珮琦律師

── 版權聲明 ──

定　　價：375 元
發行日期：2023 年 02 月第一版
◎本書以 POD 印製